上山《かみのやま》八幡宮の境内から南三陸町を見つめる工藤祐允《すけよし》宮司（第2章）　〈撮影：シギー吉田〉

上山八幡宮の鳥居から見える、一本だけ残ったあすなろの木（第2章）　〈撮影：シギー吉田〉

鹿島御児《かしまみこ》神社の窪木権禰宜が実行委員長を務め開催された「おらほの復興市」（第3章）

鹿島御児神社の5月の例祭で、市内を一望できる鳥居まで8人で神輿渡御（第3章）

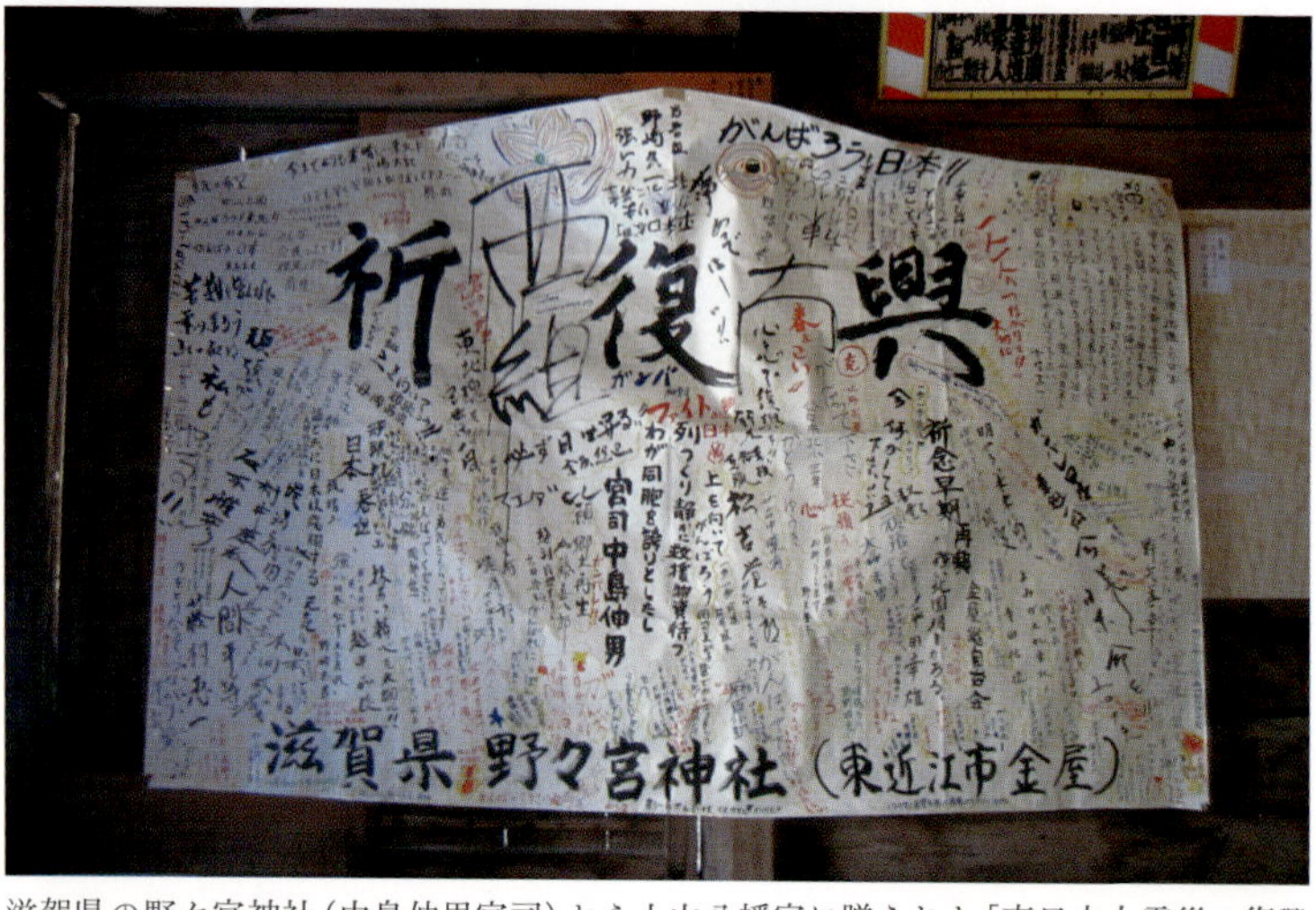

滋賀県の野々宮神社（中島伸男宮司）から上山八幡宮に贈られた「東日本大震災の復興祈願絵馬」。各避難所のロビーにも飾り町民を励ました（第2章）

石巻市の日和山山頂の鹿島御児神社の鳥居からは、旧北上川と市街が一望できる（第3章）

日和山山頂の鳥居から見える、市街に集められたガレキの山（第3章）

陸前高田市・月山神社の荒木タキ子さんが案内してくれた、兼務社今泉天満宮。樹齢800年の大杉だけが残り、復興のシンボルとなっている（第1章）

11月、今泉境内に図書館「にじのライブラリー」が開設し子どもたちが集う（第1章）

陸前高田市の鳥居・拝殿が流された今泉天満宮の境内（第1章）

千余年の伝統「相馬野馬追」も開催が危ぶまれたが、規模縮小し「東日本大震災復興　相馬三社野馬追」として開催された。騎馬行列が相馬の町を練り歩く（第6章）
© The Executive Committee of SOMA NOMAOI All Rights Reserved

相馬中村神社での出陣式。海の方角を向いてほら貝の音とともに亡くなられた御霊に黙祷（第6章）© The Executive Committee of SOMA NOMAOI All Rights Reserved

太平洋に浮かぶ離島の金華山。津波で金華山と牡鹿半島の海底が露出した（第5章）

普段、金華山から見える牡鹿半島（第5章）

金華山黄金山神社の倒壊した常夜燈（第5章）

2千人を超すボランティアの人へ感謝をこめて手作りの看板を。伊去波夜和氣命神社の大國龍笙《おおくにりゆうしよう》宮司（第4章）　〈撮影：シギー吉田〉

津波は伊去波夜和氣命《いこはやわきみこと》神社の境内で渦を巻いたが、「おみょんつぁん」の言い伝えが氏子の命を救った（第4章）〈撮影：シギー吉田〉

氏子250人が避難した拝殿は津波でも流れることはなかった。伊去波夜和氣命神社（第4章）
〈撮影：シギー吉田〉

被害が甚大だった石巻市・伊去波夜和氣命神社で傾きながらも残った境内社（第4章）
〈撮影：シギー吉田〉

海岸から近く、神社の拝殿や宮司さんの自宅も流された宮城県亘理《わたり》郡山元町の八重垣神社。夕陽が美しく仮殿と境内を照らす（第7章）

光に向かって

3・11で感じた神道のこころ

川村一代

晶文社

はじめに

未曾有の大震災が起きた3・11以降、「世界は変わった」と言われています。

今、私たちは、生き方を根本から見直す時期に来ているのではないでしょうか。

私は雑誌記者をしながら、高知県の山間部にご鎮座する神社で神職をさせていただいています。

全国に約8万社以上ある神社は、日本の文化・伝統であり、その土地土地に古くから根付いて、地域の拠点として中心的役割を果たしてきました。

近年ではパワースポットとして紹介されることが多い神社ですが、その神道について、私たちは知らないことが多いのではないでしょうか。

古来から伝承されてきた神道の心は、自然そのもののなかに潜む見えない力を畏れ敬い崇め、自然とともに、祖先とともに、人々と共に生きる「共生」の道です。震災復興へ向けて歩みだした私たちが、これからの時代をどう生きていくか、そのヒントが、この古代からの叡智にある気がしてなりません。

3・11で、海外から評価を得たのは、震災後、暴動も起きずに「みんなが力を合せて乗り切ろう」とする日本人の姿勢でした。共同通信はロシアの『ノーバヤ・ガゼータ』（電子版3月13日号）で、この震災が「第2次大戦直後の困難にも匹敵する」大災害だとしながら、「日本には最も困難な試練に立ち向かうことを可能にする『人間の連帯』が今も存在している」「重要なのは、ほかの国ならこうした状況下で簡単に起こり得る混乱や暴力、略奪などの報道がいまだに1件もないこと」との記事を紹介しました。

逆に、日本人の私たちは、〝暴動が起きない〟ことを取り上げられることに驚いたのを覚えています。

日本を愛する日本文学研究の世界的権威ドナルド・キーン（米コロンビア大学名誉教授）は、大震災という過酷な現実にも冷静で我慢強く節度ある人たちの尊さを目にし、かつて感銘を受けた高見順の日記にある「こういう人々と共に生き、共に死にたい」のことばどおり、日本国籍を取得して日本人になることを決意し、人生の半分を過ごした日本へ永住を決めたといいます。

震災直後、私も都内の電車や地下鉄のなかでも地震警報が鳴ると、見知らぬ人同士でも顔を見合わせ言葉をかけあう経験もしました。

そして、そのことについて考えてみました。

これは決して、一人の人間によって、一朝一夕にできることではありません。これまで、先祖代々養い培われてきた素養・資質が、現代に生きる私たちにも無意識に受け継がれてきたからではないかと思います。人の行動は一人ひとりのものですが、そうした行動も、頭で考えてしようと意図したものではない気がします。みんなのなかに、自ずと「人とつながる」「助け合う」「分け合う」「共に生きる」という〝遺伝子〟が無意識に働いたのではないでしょうか。

3月11日の大震災で、多くの尊い命が犠牲となり、また行方不明となってしまいました。こうした大災難や、人生の危機に遭遇したとき、普段は意識していないことが、顕《あらわ》になります。あの日以降、忘れかけていた日本人の「共生」の心を感じ行動した方々も多かったのではないでしょうか。

世界中で、地震や津波、洪水が起きています。東海・東南海・南海地震の想定震源域もこれまでより3倍の広さに修正されました。日本列島のどこにいても、いつ何が起きてもおかしくないと言われています。そんな「時」だからこそ、日本の「共生の心」とは、「神道のこころ」とは何かを、多くの方々に伝えたい、そんな想いから、今回、東北で被災された神社を訪れ、その土地を守る宮司さんや神職さん、宮司さんの奥様方を語り部として、経験のなかで発露された「神道のこころ」を紹介できればと本書を企画しました。

取材では、岩手県陸前高田市の月山神社の荒木タキ子宮司夫人の息子さんで、東京の瀬田玉川神社の神職でもある神社本庁の髙橋知明さんのお力添えで、東北の神社の方々にお話を聞かせていただくご神縁をいただきました。

お一人お一人の大震災で経験されたことは違いますが、きっと私たちの心に届く、どこか懐かしく馴染みある、日本のこころがあるのではないかと思います。3・11を通して感じた「こころ」に触れて、この時代を生きるヒントとしていただければ幸いです。

光に向かって

目次

第1章

月山神社・今泉天満宮

（岩手県陸前高田市）

宮司夫人　荒木タキ子さん

一人ひとりの〝震災〟がある。
神社を拠点とした分け合いのこころ。

天皇陛下御製　（平成23年）

東日本大震災の津波の映像を見て

黒き水うねり広がり進み行く仙台平野をいたみつつ見る

一人ひとりの震災がある

「今となって思うことは、津波で家を無くした人、家族を失った人、家を流されるのを見た人、それぞれ〝一人ひとりの震災がある〟ということですね」

月山神社の宮司の妻として、また地区の人たちのリーダーとして避難所をやりくりした荒木タキ子さんは、広田湾を眺めながら、そう呟いた……。

大津波で7万本の松が流され「奇跡の一本松」が残った岩手県・陸前高田市。海から1キロメートル付近にあった市役所は4階まで浸水し、市の中心施設が壊滅的被害を受けた。大津波は海から8キロメートルの市街まで押し寄せ、3千300世帯が被災し、住民1千555人が亡くなられ、今もまだ289人が不明となっている。

同市と気仙沼市との境にある気仙町長部地区の高台にご鎮座する月山神社（荒木真幸宮司）は、津波の難を逃れた400人以上の住民の避難所となった。

月山神社から車で5分ほどの福伏《ふっぷし》地区にある研修所兼自宅。ここも当時、住民たちの避難所となり、50人が身を寄せた。避難所となった広間の窓からは広田湾が見える。

陸前高田市では最大84カ所が避難所となり、そこで市民1万143人が避難生活を送った。

冬の足音が聞こえ始めた東北を、私が訪れたのは、震災から8カ月が過ぎた11月のことだった。千年に一度の大震災を経験した東北の神社の方々が、どんな経験をされたのか、そのとき何を感じたのか、そのお話を聞かせていただくためだった。みなさんの経験されたことを、分かち合うことで、生き方を模索する人たちへのメッセージになるのではないだろうか。また地域の中心であった神社を通して、私たちが忘れかけている〝何か〟を思い出させてくれるのではないか、という想いを抱いていた。

そんなとき髙橋知明さんに出会った。今は神社本庁の職員で東京の瀬田玉川神社で神職をされている髙橋さんのご実家は、岩手県陸前高田市の月山神社で、荒木宮司夫妻のご子息である。震災から1週間後の3月18日に、岩手県神社庁から神社本庁への要請を受けて2トントラックで支援物資を運ぶために岩手県入りした。

研修所から見える広田湾

髙橋さんは、故郷の街が壊滅的被害を受けて水浸しになりガレキの山になっている様を目にし、あまりの光景に言葉を失う。

避難所となっていた月山神社には当時130人以上の方々が避難しており、男性が薪を割り、女性が食事を作り、社務所では寝たきり老人の介護をするなど、それぞれが懸命に生活をしていたという。

月山神社に避難されていたのは、完全に壊滅した同市気仙町今泉地区の方が多く、その陣頭指揮を執っていた女性は、今泉地区にご鎮座する諏訪神社の河野允幸宮司の奥様だったという。河野宮司は津波のときに、気仙川にかかる姉歯橋のあたりを車で走行中に犠牲となられており、奥様は炊きだしの合間に、遺体安置所に遺体を確認にいくという日々を過ごされていた。

「ご家族がそのような状況にもかかわらず、奥様が神職の妻として、地域の氏子の範となるべく避難所の陣頭指揮を執る姿に、同じ神職の家のものとして深く敬服しました」

髙橋さんは、さらに研修所が併設されている実家に向かう。どういう状態になっているのかもわからない。ようやく実家に到着した髙橋さんの目に飛び込んできたのが、女性たちの明るさだった。

「津波のショックが残り、食料もなく、ろくに食事もとれていないのではと思い込んでいたので、みなさんの明るさと前向きさに驚きました。私が到着した日は、子どもたちが集めてきたフキノトウの芽を天ぷらにして夕食の準備をしていたんです」

電気は不通で、髙橋さんが持参した手回しの充電器にみなさん大喜びしたそうだ。

「天皇陛下が3月16日に出されたビデオメッセージのお言葉を（226ページ参照）、みなさんの前でお伝えしました。子どもたちもふくめて、みなさん黙って聴いておられ、涙をにじませている方もおられました」

安堵した髙橋さんをさらに驚かせたのが、母・タキ子さんの言葉だった。

「この地域がこれほどの試練を与えられたことについては、こうした状況にあっても混乱せずに、むしろ助け合って復興に向かう姿を世界の人々に見せるため、世界に模範を示すために、神様が我々を選ばれたと思っている」

私はこのお母様の言葉を聞いて、心が揺さぶられた。被災されて想像もできない大変な状況時に、どうしたらこのような言葉が溢れてくるのだろうか？　タキ子さんの言葉と想いが、胸の奥に熱くしみていった。

荒木タキ子宮司夫人

震災後、暴動も起きなかったことを海外メディアが取り上げていたが、このお母様の言葉に、私たち日本人の「こころ」を感じ、どうしてもお会いしてお話を伺いたい、そのお心に触れてみたいという想いが湧いた。そして髙橋さんにお願いをして、ご実家とほかの神社の宮司の方をご紹介いただき、私は東北の岩手・宮城・福島3県の神社を訪れる機会をいただいたのだ。

旅の間、運転をしてくれたのは、今回、写真を撮影してくれたカメラマンのシギー吉田さんの知人で、宮城県気仙沼市在住の武田高明さんと畠山健さんの2人。

旅の初日、髙橋さんのご実家を訪れた私たちを、母・タキ子さんは明るい笑顔で招きいれてくれた。

「大震災当時は必死で涙も出ない状態でした。避難所となった神社で、みなさんをお預かりする立場ですからね。私も気持ちがハイになり、プラス思考になることを考えながら、『とにかくピンチをチャンスにしましょう』と言いました。

どうしようもないんですよ、状況を受け入れるしかね。とにかく、津波は来てしまった……」

そういうとタキ子さんは振り向いて微笑み、静かに当時の様子を語ってくれた。

地域の助け合いと優れた防災意識

常日頃から、炊きだしや消火訓練をおこない、防災意識を持っていたこの地区の人たちは、3月11日の震災後すぐに集合場所に集まり、住民の点呼を取り安否確認をおこなった。顔見知りの共同体の利点は、誰が不在で誰

畠山健さん（左）と武田高明さん（右）

がどこの職場にいるのかと安否確認もとりやすいことだ。

実際、月山神社の研修所兼自宅のある気仙町字福伏では、地震の後、自宅に戻った男性1人が津波に巻き込まれたが、他の方々は無事だった。

そしてすぐに女性陣は、米、梅干し、味噌、食品を集合場所に持ち寄り、男性は沢に水を汲みにいき、震災発生から2時間後には、炊きだし準備がおこなわれていた。だが集会所となっていた直売所はコンクリートの床で、老人・子どもたちには寒い。そこで、タキ子さんは、「来たい人だけでも、畳で座布団もある神社の研修所にいらしてください」と、区長に提案した。

「神社ですから、地域で何かが起きた時にはいつでも提供できるようにという気持ちは、家族みんなが持っています」

この福伏地区の人と、他の地区から避難され

月山神社　研修所兼自宅

た方々を併せて50人ほどが研修所兼自宅に避難してきた。

「電気・ガス・水道も通信も途絶えていたなか、みんなが自主的に動いて、かまどでご飯を炊き、カレーライスを作り食事をとって、午後6時にはみなさんに寝てもらいました。寒いし情報もないですから、布団に入るしかありません」

同日夕方、ご主人の荒木宮司は、「氏子さんたちは必ず神社に避難してくるはずだ。社務所を開けなければ」と、ガレキに埋もれた道路を車と徒歩で月山神社へ向かった。

普通なら車で5分ほどの距離を何時間もかけて到着。神社にあるだけの布団を広間へ出した。食べるものはなかったが、七五三の千歳飴を、ポキポキと折って食べてもらったという。午後4時半には40人ほどだった避難者が、翌日には400人に達した。

同市の北側の今泉地区は街が壊滅状態で、

避難所として使われた研修所兼自宅

600戸のうち津波による流失を免れたのは5戸。その5戸も1階部分は浸水していた。多くの人が水に濡れて震えながら山越えをした。砂防ダムの工事現場で束の間の暖を取り、トラックのピストン輸送で、山にある公民館と長円寺の2カ所の避難所へ向かった。だが2カ所ともすでに満員。その避難所に入れなかった人たちは、さらに疲れた体を引きずり月山神社まで歩いてたどりついたのだった。そこには、車で国道を走行中に身動きが取れなくなった人たちも集まってきていた。

分け合いの精神とお婆ちゃんの知恵袋

「氏子」とは、神社を中心にして習慣的にその土地に住んでいる人たちのことをいう。古来、氏族ごとに形成された集落を守る守護神として始まった「氏神」を、同じ祖先として、また血縁関係による同族の守護神としてお祀りしていた。時代の変遷とともに、地域的な単位としての意味合いが強くなり、氏子さんたちが住む地区を、神社では「氏子区域」と呼んでいる。

氏子は、神社の祭りに参加して、神輿担ぎや境内の清掃など奉仕をおこなう。神事の後には神様にお供えし、ご神霊のこもったお下がりをみんなで一緒にいただく「直会《なおらい》」の神事もある。これは神と人とが共に食す「神人共食《しんじんきょうしょく》」といい、神様との結びつきを強くする大切な神事なのだ。

氏子はその神社の区域に住む信奉者で、祭りに参加し神社とつながりを持つことで神社継承を支えている。また氏子地域以外に在住しながら神社を信奉する人は「崇敬者《すうけいしゃ》」と呼ばれている。氏子・

崇敬者側からの視点に立つと、神様に感謝し祭りをすることで、神様の神威が再生し活性化する。そして神様の感応やご加護を得られるということになる。

また氏子・崇敬者で、徳望が篤いもののなかから選任された「総代《そうだい》」という役割がある。昔から、氏子のなかの〝長老ともいうべき指導者的立場〟で、人格・識見の備わった人望篤い人が選ばれることが多かったという。氏子・崇敬者の代表として、宮司に従い、祭祀の執行など神明奉仕に協力をする。戦後は、神社が宗教法人化したため、「責任役員」が置かれることになる。古から、祭祀を執り行う神社を拠点に共同体が組織され、そのなかの〝長老〟が総代を務め、その地域に住む氏子たちと一つの村落共同体を営んできたのだ。ネイティブアメリカンの部族にも長老がいたように、村落の長老たちが総代を担ってきたのだ。

神社は、このように、氏子と崇敬者に支えられたもので、氏子組織は地域の共同体のつながりに密接に関係している。神社は、地域の共同体と一心同体ともいえるのだ。

とはいえ、日本の高齢化・過疎化が進み、全国8万社ある神社の多くが、村落共同体の弱小化による影響を直に受けて、小規模な神社ほど財政面で危機的状況に陥っている。

そんななか、大震災という地域の非常事態が発生したときに、改めて、この氏子組織という地域共同体の「つながり」の持つ力が大いに発揮されることとなった。

タキ子さんの自宅近くの氏子さんたちから、「自分たちには小学校や地区のコミュニティセンター・公民館がある。ずぶ濡れになって、歩いて避難してきた今泉地区の方々に月山神社を譲ろう」

という意見が出て、月山神社を別の地区から避難してきた方々に明け渡すことに決定した。その方々が、「自分の氏神様でもないのに」と遠慮しないようにと、避難所の運営も彼らの自主性に任せることにしたという。

一方、研修所兼自宅の避難所では、「情報がまったくなく、私は日本全国が被災したのだと思っていました。物資は当分来ないだろう。物資が届くまで、持ち寄った食材を少しずつ食べましょう」と、タキ子さんがリーダーとなり陣頭指揮を執っていた。

「1食おにぎり1個、食事は朝と晩の2食と決めて、みんなであるものを分け合ってやっていました。自衛隊の人が支援物資を届けてくれたのは思ったよりも早く、震災から3日目でした」

その後、タキ子さんは女性を3班に分け、当番は炊事とトイレ掃除を、当番以外の日は、個々の用事ができるようにした。そして届けられた支援物資の食品から、生ものなど早く傷むものから食べていくことにした。

「電気が不通で冷蔵庫も使えませんからね。そして1日3食作っていると、その担当の人に負担がかかり忙しくて大変なので、1日2食に決めました」

朝8時にはみんなでミーティングをし、情報を発信。昼間はカップラーメンや果物・パン・ゆで卵を配給。その後は、自宅のガレキ撤去に行く人、避難所に残る人、行動はさまざまだ。

「野菜、魚、酢の物など栄養のバランスも考えて食事を作っていました。みなさん、それぞれ主婦なのでね。料理も美味しく温かいものを食べることができました」

「ここの避難所はうまくいってたんですね」

そうポツリと呟いたのは、車の運転を担当してくれた畠山健さん。彼は大震災を、4歳の息子とともに気仙沼市内の港近くの公民館の屋上で3日間、食べるものもなく生き延びた。屋上にいた650人は、3日目に、ようやくヘリコプターで救助された。もう一人の運転担当の武田高明さんは、気仙沼市内の自宅が浸水した。震災後2人は、仲間と支援物資の配布、溝掃除などボランティア活動をおこない、「平等にものを配分する」難しさを実感していたのだ。

被災を経験した2人が驚くほど、数多くあった避難所のなかでも、ここはとても恵まれていたようだ。それはタキ子さんの明るさも影響していると思うと伝えると、タキ子さんは、「避難していたお婆ちゃんたちも明るかったの」と、お婆ちゃんの知恵袋と明るさが、どれほど力になったかを話してくれた。

「最初の1週間、おもらしをするお爺ちゃんもいましたが、尿取りパッドも津波で流されていますし、女性の下着の替えもありませんでした。女性の元自衛官から、尿取りパッドの作り方を教わったんです。ナイロンの風呂敷を長四角にカットし、その上にタオルを同じ大きさにカットし、さらにその上に日本手拭いを巻いて縫っていくんです」

針と糸を持ったお婆ちゃんたちは、イキイキとした表情を見せはじめた。

「みんなで輪になり分担を決めて尿取りパッドを作りました。うちは神社なので、出雲大社や伊勢の神宮をはじめ全国の神社の手拭いがいっぱいあります。するとお婆ちゃんたちはこんな会話を始めたんです」

「うわ〜こりゃぁ伊勢の神宮の手拭いだ〜。股に挟んだら罰あたるんじゃないべか」

「(日の丸の手拭いを縫いながら、)こんな紅いの。赤くなるのは何十年前だべ」

「今、何が起こるかわかんねえ世の中だから、子ども生まれるかもしんねえ」

「じゃあ、今夜隣の爺さんの脇さ、寝るべ」

80代のお婆ちゃんたちが円座になり、冗談を言って笑いながらの針仕事。

「だって、何したって流れていってしまったもの。笑うしかないんだよな〜」

「私なんか、もう思い残すことないし死んでもよかったけれど、生きてしまったし、なんだか申し訳ない」と言いながら、何百個もの使い捨て尿取りパッドを作っていった。

私自身も〝お婆ちゃん子〟だ。母と父とはまた違う先人の〝お婆ちゃん〟という存在の大きさ、温かさ、優しさに包まれて育った。核家族化が進み、親子だけの関係性だけで暮らす人も増えたが、祖母・祖父との関係性のなかで養われることもあるのではないだろうか。

大ヒット曲『トイレの神様』でも、孫に、トイレの女神さまの存在を伝えたのはお婆ちゃんだった。もしかしたら、今はみんなそうした存在を懐かしんでいるように思う。

この避難所は高齢者が多かったため、お婆ちゃんたちが歩んできた人生経験と叡智に溢れていたのかもしれない。さらにガス・電気が使えない避難所生活のなかで、かまどでご飯を炊く術も、お婆ちゃんならではのこと。タキ子さんも子どもの頃には経験したがすっかり忘れていたという。

「お婆ちゃんたちは頭のなかに入っていますからね。最初に杉の葉で火をつけるんです。美味しく炊くコツは、どんどん火をくべて沸騰寸前にふたを取り、米をかき回し、またすぐに蓋をして熾《おき》火《び》にする。それで蒸すと、美味しい。料亭以上にご飯が美味しかったです(笑)。〝はじめちょろちょろなかパッパ〟は、沢山のご飯を炊くときは違うのね。かまどの煤は、灰汁で綺麗に落ちるし、とってもエコ。洗濯するのも灰汁の上澄みで綺麗になるし、海も汚れません。誰かが熱を出すと、お婆ちゃんたちが草を持ってきて絞ってくれたり」

3月末、例年であれば畑にじゃがいもの苗を植える時期、避難所のことで忙しくしているタキ子さんを見かねたお婆ちゃんたちは、率先してじゃがいもと大根の苗植えもしてくれた。

「本当に知恵袋がいっぱいあって助けられました」

そのなかには、1945年(昭和20年)の東京大空襲を経験していたお婆ちゃんもいた。

「戦争と津波とどっちがいいかなと考えたら、津波は全部を持っていったけれど不安は一瞬だった。今の世の中だから、自衛隊さんが来てくれたり、全国からボランティアさんも来てくれて、何不自由なく過ごせている。けれど戦争はボランティアもいないし、焼け野原だし何もないし、毎日毎日、いつ殺されるかと不安がずっとあった。戦争が終わりみんなが泣いていたときに、『これで助かるかもしれない、不安から逃れられるかも』と思った。だからね、戦争からみれば津波のほうがずっといいもの」

避難所のご飯を食べながら、お婆ちゃんはそう話していたという。大切なことは、こうして人から人へと口承されてきた。そうした「つながり」が、どれほど大切なのかを私たちはこの震災を通して学ばなければならないように思う。

「何も物がないときのほうが、少しでもあるものを分け合い、肩を寄せ合って生きようとしますね。ここでは誰も、自分一人だけがいっぱい食べようとは思わなかったんです」

震災を通じて、「人間は極限の時にその人間性が出る」と、実感したタキ子さんは、みんなにこう呼びかけた。「あるものを奪いあえば足りなくなるし、分け合えば余る。だから分け合いの心は持っていましょう。家や物は流されたけれども、心は紳士・淑女で、心美人でいましょう」

すると「俺はイケメンだ〜」と茶目っ気たっぷりに冗談を返すお爺ちゃんもいた。

震災から月日がたつにつれて、タキ子さんは自問自答することがあるという。善意で発した言葉であっても、家族を失った人の悲しみや、家が流れるのを見ていた人の思いは、想像したところで、本人にしかわからないことがあると。

「一人ひとり、それぞれの被災があります。心の傷がどこにあるかも人によって違う。この頃、やっと振り返るようになり、自分が恥ずかしかったなと思うんです」

だが、この避難所にいた人たちは「楽しかった」と言ってくれる。そして「避難所終わってつまんねえ。毎日美味しかったし楽しかったし、また集まりたいな」「また避難所やんねえか」という人も。それが、この場所でこの地区の人たちが経験した正直な感想なのではないだろうか。もちろんすべての避難所がそうだったわけではないだろう。

「仮設住宅に移ってからも、ここにいた人たちは江戸の長屋みたいに仲良くしているようですが、やはりどこでも集まった人によりますよね。みんな現実を受け入れるしかないんですよね」

津波で亡くなられた方に手を合わせるとき、タキ子さんはこう語りかける。「必ずまたいつかどこかで会えますよ。先に逝かれたんですね。私は生き残りましたから、その状況のなかで、やれることをやります」と。

タキ子さんの娘さんの同級生で市役所に勤務していた男性は、「津波が堤防を越えました。逃げろ〜逃げろ〜」と最後までマイクで避難を呼びかけていたが、その声は途切れた。同級生のお母様は、息子さんを亡くされた状況のなかでも家を開放し避難所を開かれた。また避難されている方のご家族で行方不明になられた人を探すために複数の安置所も一緒に回られた。身内を探すには何百体ものご遺体を見なければならなかった。苦しそうなお顔もある、形を留めないご遺体もある。それでも同級生のお母様は、一緒に家族探しをされたという。

「そんな素晴らしい人もいらっしゃって、凄いなと感心するんです。私は家族も家も、何もなくしませんでした。だから避難所やみなさんへの心配りもできました。

この大震災で人間として学ばれた人と、なかなか現実を受け入れられずに気持ちが沈んでいく人との二手に分かれたように思います。それでもしょうがありませんよね、あれだけのことがあったんですもの。ほかにも一生懸命にボランティアをされる方もいらっしゃるし、人それぞれですね。一人ひとりの震災があるんです」

大切なことは、感謝する心

タキ子さんは、神社で出会った2人の40代のボランティア女性が忘れられないという。

境内の掃除をしていると、ボランティアの法被を着た女性2人が参拝に訪れた。

「ここは津波が来ても、次の日から復興ができるからいいよね」と話す2人は、福島原発20キロメートル圏内にある福島県浪江町の女性だった。

「私たちは避難所にいるので、街の復興をしたくてもできない。母の指が見えていて、遺体がそこにあるのはわかっていても掘り出すこともできない。東京に福島ナンバーの車で行くと、『放射能を運んできた、来るな』と、石を投げられた。

陸前高田市に来てみると同じ被災地でも、みんながニコニコして明るい。私たちは何も手をつけられない。何もできない苦しさはすごい。何もできることがないから、ボランティアに行こうと、来てみたんです」と語った……。

「2人の話を聞いても、何も言えないんだね……」というタキ子さんは、その女性2人と抱き合い一緒に泣いた。その2人にとって、どんな言葉よりも、その抱擁が励みになったのではないだろうか。

多いときで400人の避難所となっていた月山神社には、「おかげさまでここで助けられた」という参拝者も多い。

車で国道を走行中に津波を見て、どこにも行けずに神社の階段を上がり、「入っていいですか？」と尋ねると、みんなが「どうぞ、どうぞ」と受け入れてくれ、2日後に家族が迎えにきたが、2週間ほど避難所で手伝いをしてから帰宅した人もお礼参りに訪れた。

「お賽銭箱に手紙があり『お世話になりました』『ありがたかったです』と書いてあると、嬉しいですね。それだけで報われます。月山神社の避難所は5月末まで開いていて、最後に別の避難所へ移らなければならない方もいました。でも今になり、有難いと感謝してくださり、一人でも二人でも助かった方がいるだけでいいなと思います」

震災を経験したタキ子さんは、普段から緊急時の家族の集合場所を決めておくことの重要性を痛感した。そして何より身にしみていることは、常日ごろから周りの人に「ありがとう」と感謝の心を伝えておくことだという。

「亡くなられた方々が最後に言いたかった言葉は、『ありがとう』だと思います。だから一日一日を一生懸命に生きてやりのこしをしないこと。伝えるべきことは伝えること。日々、家族にもいくらだって『ありがとう』と言えるんですよね。歯ブラシを持ってきてくれたら『ありがとう』。何かしてもらったら『ありがとう』。

家族にも周りの人にも、そして食べ物にも感謝する。大変な時ほど、湧きあがってくるのは感謝なんだなと感じましたね。

全国各地から支援を受けたでしょう? 一つひとつ、本当に有難いんです。だからこそ、言葉に出して『ありがとう』と言っておこうと思うようになりました。1日に何度も、しつこいくらいに『ありがとう』と言ったほうがいい。今、私、そうしています。いつ何があるかなんて誰にもわかりませんからね」

直観を信じて、九死に一生を得た人

月山神社の避難所には、奇跡的に命をつないだ人たちも身を寄せていた。

ある人は、気仙川にかかる姉歯橋の渋滞に巻き込まれていた。「こんなことをしていたら津波がくる」と、その人は反対車線にUターンして走り出した。その後をパトカーが追いかけてきたが、その車とパトカーの2台だけが助かった。

小さい頃から、お爺ちゃんとお婆ちゃんに、「津波がきたらとにかく高いところへ逃げなさい」と言われて育った別の女性は、乗っていた車を捨てて高い場所を目指して走った。周りから「そっちは姉歯橋だから危ない」と声が聞こえたが、なんとしてでも橋を突っ切り逃げようとした。しかし津波にのまれてしまい、近くの杉の木に必死につかまった。やがて引き波がきて水が引くと、隣の杉にも女性がつかまり助かっていた。

その女性2人は、ずぶ濡れになりながら、青森から来たトラックの運転手さんをつかまえて避難所に向かったが、満員で収容は無理だと言われた。

「地元の人でもないので、行くところもなく困り果てて月山神社にたどりついたそうです。そこではみんなに『おいで、おいで』となかにあげてもらい、暖をとり、着替えもさせてもらい、毛布にくるまり助かったそうです。

杉の木にしがみついている間に車も人も流されていくのを目撃した女性たちは、1週間ぐらい口がきませんでした」

津波とガレキに迫られながら走って逃げた人もいる。後ろを振り返ると、街が押し寄せてきているように見えた。ガレキの間から水が襲ってくるようだったという。足がすくんで走れない。そのとき心の奥で、「走れ、走れ、後ろを見ずに走れ。後ろを見るな」と、自分の声が聞こえてきて、一目散に走りぬいて助かったという。

薬局を営む老夫婦も津波にのまれた。旦那さんの姿を見失い一人になったとき、「息子にどうしても手渡したいものがある」ことを思い出し、「そのためにはとにかく生きなきゃ」と強い気持ちが湧いた。目の前には家の屋根と屋根の間が、自分に迫ってくる。気がついたら病院のベッドに運び込まれていた。残念ながら旦那さんは亡くなられた。

「『結婚して50年、仮設住宅に入りお父さんの写真を眺めていたら淋しくてね。幽霊でもいいから出てきてほしいと思うんだよね。夫婦っていなくなったら淋しいんだよね』そう言っていました。こうやって奇跡的に直観を信じて助かった人たちもいます。でも、もう本当にいろいろ、さまざまですよ……」

タキ子さんの口調が静かになった……。

神職の妻として

タキ子さんは神社に嫁いで41年。実家は神社ではなかった。

キリスト教には「聖書」。仏教には「聖典」がある。だが、神道には経典はない。旦那さんに「神道は何もないの？」と聞いたことがあった。神道には他の世界宗教のように開祖もいない。経典もない。教えや戒律もない。

荒木宮司は若い頃、奈良県の石上《いそのかみ》神宮に毎年、神職の研修に出かけていた。「そのとき私と同じような質問をしたことがあったそうです」すると、石上神宮の当時の宮司さんはこう言った。

「日本の神様は、自然そのものではないかと私は思います。その自然から自分で学びとりなさいと。自然もその時々で変化します。これが正しい考えというものではなく、そのときどきで自然のなかから学びとりなさい」

すごく納得できたとタキ子さん。

「だから、神道ってとてもおおらかなんです。なんでもありであたりまえなんですよ。キリスト教や仏教には戒律や制約があり、『○○しなければならない』『○○してはいけない』、という世界に閉じ込められている気がするんです。

今まで世界は、救世主が現れて世界を救ってくれるのを待っていましたよね。でも日本では救世主を求めることはありません。一人ひとりが、救世主になりなさい、個人個人がリーダーとなりなさいということなのかなと思うんです」

神道という言葉が初めて登場するのは『日本書紀』。もともとは呼び名もなかったという。民族としての生活が始まり、先人たちの生活信仰や暮らしの価値観として持っていた習俗や慣習を、「神道」と呼ぶようになったのだ。

「神道なんて知らない」という人たちも今は多いだろう。けれど自覚はしていなくても無意識のレベルには、神道的な考えや習慣が受け継がれていると思う。たとえばお正月の初詣、お宮参り、七五三、成人式も然り。夏祭りの神輿担《みこしかつ》ぎに湧きあがる熱い想いなどを、経験されたこともあるのではないだろうか。

「祭」の語源は、祭《まつり》、祀《まつ》る、待《ま》つ、奉《まつらふ》で、祭の目的は、神々への感謝であり、祈願であり、決意表明であり、社会や共同体の安寧《あんねい》・秩序を祈るものとされた。

古来はお社もなく、山、岩、石、海など自然そのものに神が宿るとされていたのだ。今も、奈良県の大神《おおみわ》神社は山がご神体である。

神道には「中今《なかいま》」という言葉がある。これは過去と未来を意識した中間にある「今」の瞬間を大切にしようとするものだ。「惟神《かんながら》の道」という言葉もある。これは神代に神が神であったように、人はその在り方を習い、人間は誰もが神の子としての自覚を持ち、共同体のなかで生きていこうとする道だ。

宗教評論家のひろさちや氏は、「今こそ私たちが謙虚になりご先祖の言葉に耳を傾けるべきである。そうでなければ日本民族はきっと滅亡してしまうだろう」(『世界の聖典5　ひろさちやが聞く神道の聖典』ひろさちや・上田賢治著、鈴木出版、1993年)と語る。

そうなのだ、今こそ、私たちは先人たちから受け継いできた言葉を聞かなければならない。ひろ氏は「神道はご先祖の言葉を聞く民族宗教だが、その声を伝えるものがいない」とも語る。

神道は、共同体のなかで、みんなが幸せに暮らせるようにと、神霊に満ちた自然の働きやご先祖に感謝し祭りをおこなってきた。教義もなく開祖もおらず、教典もない。また「言挙《ことあ》げせず」という言葉もある。言葉では何も明文化されてはいない。親から子へ、子から孫へと口伝されたものや、また遺伝子のなかにしみわたり無意識化しており、あえて言葉にする必要もなかったのだろう。神道を「宗教」というのも、あまりピンとこない。むしろ神へ向かう「道」、神からの「道」、そうした習俗・伝統なのではないかと思う。

この大震災のときに、「神社より下に家を建てるな」「地震が来たら神社に」という言い伝えがあったと聞くが、それも何かに文書で残されていたわけではなく、先祖から口伝されたものであったりする。

また今の時代は、月山神社研修所の避難所のように、地域の共同体が稼働している地域は珍しくなっている。昔であれば自ずと伝えられてきた「伝統」も、もはや言葉にしなければ伝え残すことも難しい時代になっているのが現状だ。

今こそ神道人である私たちが、先人たちから受け継いできたことを〝語り部〟として伝えていくことが必要であり、求められているのではないかと感じる。

津波で奇跡的に助かった人は、自分の直観に耳を傾け、また先人から聞いていた教えを守った人も多かったそうだ。

「先人たちが、私たちに脈々と伝えてくれていた『和を以て貴しとなす』の和を大切にする心や、海外から見ると驚くほどの『謙遜の心』。そして『相手を思いやる心』。そういう日本人特有の心を、日本人が発信していく時代なんだと思います。

それが日本人としてのお役目かもしれません。とくに東北は、そういうお爺ちゃん、お婆ちゃんの先人の心がまだ残っている土地です。みんな純粋に素朴にもちつもたれつで生きてきたんですよ、自然とともに。

だから私、感じたんです。神様が『申し訳ないけど我慢してくれ。ここのみんなで協力しあう生き方を世界に発信してくれ』と。それでこの地を選んだではないかなと。

物はある意味で人の心を奪い取る毒にもなります。今、ここは物が無くなってしまいましたが、あるものでつつましく生きることで、ピンチをチャンスへと変えて、精神のレベルをあげていけるんじゃないかと思っているんです。

本当に必要なものだけを大切にして生きる。私たちも、避難所生活ではつつましい生活でしたが、もしかしたら、ほんの一瞬、〝ユートピア〟だったのかもしれません」

ネイティブアメリカンやアボリジニなどの先住民が、昔から部族で狩猟採取したものを分け合って食べていたように。一日を無事に過ごせたことを感謝し、夜には火を焚いて、みんなで集まり踊って神様や自然に感謝をささげ、「今日も生かしていただいてありがとうございました」と祈りを捧げて眠りにつく。足ることを知る、そして一日生きたことを感謝する。

「みんなで肩を寄せ合い生きていたわけです。でも物が溢れていると欲が出て、それがほしくなります」

身につまされる言葉だ。一つのものが手に入ると、それを喜んだのも束の間、またすぐに次へ次へと貪欲になる。シンプルライフという言葉のように、一日無事に暮らせたことに感謝し、一日食事できたことに感謝し、一日懸命に働き、そして眠る。仲間、家族、愛するものとともに。それがどれほど豊かなことなのか、大震災後、痛感している人も多い。誰しもが「つながり」を希求していることの現れなのだと思う。

震災を機に、日本人の心を思い出してほしい

タキ子さんも頷きながら、この大震災で思い出してほしいものがあると訴える。

「この震災を機に、和を大切にする。感謝する。相手を思いやる、そうした日本人のこころを取り戻すことが大切です。私たちは物質主義におかされてしまっていた、それに気がつかなきゃいけなかった。その意味では、私は今度の震災を、天災でもありますが、人災でもあると、とらえているんです。我々がね、驕り高ぶり利己主義になって生きてきたんじゃないかと。

自分たちにとり、最低限必要なものを大切にして、その一つひとつに感謝して大事に生きることを忘れてしまった。だから日本人は〝大断捨離〟をさせられたのかなと、今になって思うんです。戦後の日本は、物質は豊かになったけれど、逆に心は貧しくなってしまったのかもしれません。今回の震災と津波を機に、そんなことを考えていました」

あまりにも犠牲が大きすぎた。だからこそ、ここから学び明日へとつなげなければならない。

64歳になるタキ子さん。子どもの頃、遊んでいると近所から「ご飯食べてけ」と声がかかった。それがこの土地では、ごくあたり前の挨拶だった。

「昔は、心に何も隠すことなく暮らしてきたんだと思います。今は、プライバシーといいますが、それは隠したいものがあるということ。人はその人のまんまで生きるのが一番素敵なことです。『あなたのまんまで生きていいんだよ。やりたいことをやりなさい』というのが本当の教育だと思います。親はただ、この地球やこの社会、仲間のなかで生きるには一応のルールがありますよと教えるだけで、あとは自分で判断していく。

それぞれが自由に生きればいい。親は見守ることしかできないんです。それを震災後に実感しています。神道は、なんでもありなんですからね（笑）」

被災地よりも〝被災地〟の東京

震災後、久しぶりに上京したタキ子さんは、東京の電車内で多くの人が暗い顔をして下を向くか、携帯をいじるか、居眠りする様子に驚いた。

また若いカップルが、タキ子さんも興味のある会話をしていた。思わず声をかけようとしたが、車内では誰も他人の話に言葉を挟もうとはしない。

「この辺りだと、ぜんぜん知らない人でも声をかけられるし、人と交流するのがあたり前にできるんです。顔見知りじゃなくても声をかけあえます。

大震災の被災地の東北よりも、東京は物質によって心を毒された〝心の被災地〟ではないだろうかと思いました。自分たちは感じていないけれど、ものすごく、心が〝被災〟しているような気がしたんです。

大都市は地下鉄も地下道も多く、津波が地下に入ったら大惨事になるでしょうし、今回と同じ規模の災害がきたらどうなるのだろうかと思いました。東北はガレキの山になりましたが、東京で高層ビル一つ崩壊しただけでもガレキはこんなものじゃすみません。

この辺りでは30年ほど前まで、家を壊すときには、親戚や家族が集まり、大工さんと一緒に柱をはずして、まだ使える柱は再利用していました。エコですよね。

こういう災害が起きても、なんとか再生できるというのは、たぶんこの東北が、災害に耐えて復興できる規模だからなんだと思います。もし東京に3・11の規模の地震が来たら、再生は困難でしょう。今こそ都市部への機能の集中を分散しておくことが大切だと思います。大都市化というのは、もう時代遅れなのだということをこの災害から学んでほしい。ガレキどころでは済みません。

人間は何もないほうがいいのかもしれません。何もなければ、みんなで肩を寄せ合って生きるんですからね」

タキ子さんのお話を伺いながら、私は、東北の方たちの心に残っているもので、都会に住む私たちが失ったものとはなんだろうか？　と自問した。現代は、物質は溢れるほど豊かになったが、心は滅びていっているのではないか。

「先祖の言葉を聞く」こともそうだろう。先人の言葉を聞いて助かった方々がいる。そうした見えないものとの「つながり」を感じて生きることも、大いなる自然を感じることも必要なのではないだろうか。それが、先祖の言葉を聞くという神道のこころを受け継いで生きるということかもしれない。この地域にはその心が残っていたのだろう。

私たちは今こそ、先人たちから受け継いだものを「仲執持ち《なかとりもち》」として、次の世代へとバトンタッチしていかなければならない。そのためには、今を生きる私たちが、先人たちからの叡智をちゃんと受け取るところから始めなければならない。

子どもたちへ　虹色の美しい花でいっぱいにしたい

取材後、タキ子さんがある場所へ案内してくれた。

陸前高田市の海岸から1・5キロメートル離れた気仙町の今泉天満宮（荒木真幸宮司）。鳥居、本殿、拝殿、社務所などすべて津波で流されたが、直径約3メートル、高さ30メートル、樹齢800年を超す大杉だけは、高田松原の奇跡の一本松に呼応するかのように、大津波に耐えて大地にしっかりと立っている。

「大杉は、『ここに神社があった』ことの証です。津

今泉天満宮　すべて津波で流された

波に流されずに残ってくれたことの意味は大きいです」と、荒木宮司。「天神の大杉」と地元の人に親しまれているこの杉の下で、参道に住まいのあった江戸時代の剣術家千葉周作も子どものころに遊んだという。その大杉に注連縄が張られ、「甦る千年　天神の大杉と我らが今泉」の横断幕がかかげられた。

2011年（平成23年）11月には、この境内跡地に、子どものための木造図書館「にじのライブラリー」（館長・荒木真幸宮司）が開設された。ここは、東日本大震災復興支援「子どもたちへ〈あしたの本〉プロジェクト」の拠点として児童書を中心に2千500冊を収めている。木の温もりを感じる館内には、赤や青のカラフルな色の椅子が並べられている。木の看板は絵本作家のかこさとしさんが描いた。

今宮天満宮の大杉

木の温もりを感じる室内。カラフルな色のシールで「赤ちゃん」「ともだち」「のりもの」「ふしぎ」などと書籍が分類されている。床にもカラフルなシートが。運転を務めてくれている武田さんと畠山さんは、

「にじのライブラリー」外観

天神の大杉と「にじのライブラリー」の幟

色とりどりの床や椅子が。「にじのライブラリー」室内

手にした漫画を夢中になって読み始めた。

図書館を案内しながら、タキ子さんは子どもたちへの想いを語る。

「震災で街から色という色が消えてしまい、ここは灰色の街になったんです。私たちもガレキの色を見慣れちゃった……だから、図書館の周りには色とりどりの美しい花を植えていきます。

ここは、子どもたちと、その親御さんたちがくつろげる癒しの空間にしたいんです。

学校のなかにも仮設住宅が建っていて校庭がなくなっているので、子どもたちの遊び場がないんです。この図書館のなかで、大人に遠慮することなく遊んでほしい。この図書館が復興のシンボルになってほしいと願っています」

「にじのライブラリー」では、12月にはLEDのイルミネーションとともに、子どもたちのための「クリスマスおはなし会」も催された。

今年1月には今泉天満宮再建想像図が完成した。

絵本を楽しむ子ども。読み聞かせなど活動も積極的に実施されている

今泉天満宮　再建想像図が完成

タキ子さんをはじめこの地区の人々が、お爺ちゃん、お婆ちゃんたちから受け継いだ温かさ、和を大切にする心が、虹色の花の成長とともに、子どもたちの心に受け継がれていってほしい。大震災にも津波にも負けずに残った今泉天満宮の天神の大杉が、その成長を見守り続けていくだろう。

陸前高田市の今泉天満宮から、夕暮れのなかを車で移動。宮城県気仙沼市に到着したときには、すっかり夜になっていた。運転を務めてくれている武田さん、畠山さんは、気仙沼市在住で、「NANGO - BASE」というNPO法人で復興支援活動をおこなっている。せっかくだからと、暗くなった街を案内してくれた。

「ここに仮設商店街ができるんですよ」と、武田さんたちが連れていってくれたのは、12月にオープンした「気仙沼復興商店街　南町紫市場」。仮設施設整備事業としては国内最大規模で、もともと南町周辺で営業していた51店舗が入っている。

その後、さらに南下し、南三陸の志津川町へ車で移動し、ホテル観洋に宿泊した。ここも避難所となった場所だ。

翌朝、志津川湾から朝日が昇っていく。静かで穏やかな美しい海。昨日目にした、壊滅的被害を受けた陸前高田市の街並みを思い出し、自然の脅威と自然の恵みの双極、「自然」の偉大さと脅威を感じて言葉が出ない。ただ悲しい。

海があまりにも美しいからこそ、もの悲しく感じる。「もののあはれ」とは、こういうことを言うのだろうと感じながら、気がつくと昇る朝日に手を合わせて拝んでいた。

志津川湾から昇る朝日

月山神社

ご祭神　月読命《つくよみのみこと》

所在地：岩手県陸前高田市気仙町字月山 25

今泉天満宮「にじのライブラリー」

ご祭神　菅原道真《すがわらのみちざね》

所在地：岩手県陸前高田市気仙町字中井１番地
今泉天満宮境内

電　話：0192 - 55 - 3562

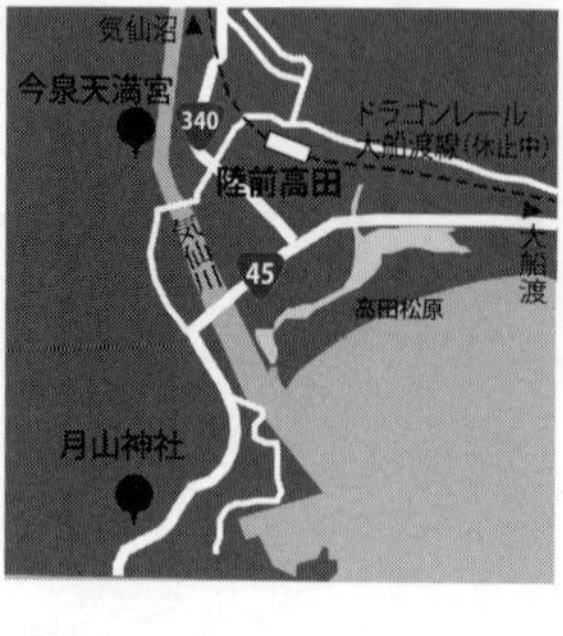

第2章

上山《かみのやま》八幡宮

（宮城県本吉郡南三陸町）

宮司　工藤祐允《すけよし》さん

権禰宜　工藤庄悦《しょうえつ》さん

3・11で「私たちが生かされている存在だ」と身にしみて。

天皇陛下御製　（平成23年）

仮設住宅の人々を思ひて

被災地に寒き日のまた巡り来ぬ心にかかる仮住まひの人

今年、2012年（平成24年）は、日本最古の書『古事記』編纂1300年の記念の年になる。読んだことのない人でも、神話「因幡《いなば》の白兎」「海幸彦山幸彦」といった絵本を目にしたことのある人も多いだろう。

哲学者の梅原猛は「『古事記』は日本の古典の光り輝く宝石であるが、戦前戦後を通じてこの宝石が正しく理解されていない」（現代思想 2011年5月臨時増刊号 総特集＝古事記、青土社）と述べている。

『古事記』の「八俣《やまた》の大蛇《おろち》」では、高天原から天降った須佐之男命が八俣の大蛇から櫛名田姫を救い、夫婦となり須賀の宮をおつくりになり、歌を詠まれた。

八雲立つ　出雲八重垣　妻籠みに　八重垣作る　その八重垣を

これが和歌の始まりとされている。今も年の初めには宮中で「歌会始の儀」がおこなわれている。今年の歌会始の儀では……、

天皇陛下御製
津波来《こ》し時の岸辺は如何なりしと見下ろす海は青く静まる

皇后陛下御歌
帰り来るを立ちて待てるに季《とき》のなく岸とふ文字を歳時記に見ず

と、お詠みになられた。

神職も祭祀をおこない、そして歌を詠む。

防災対策庁舎に散った教え子におくる「言霊の鎮魂」

大津波が来ます高台に逃げてくださいい呼びかけし声津波に消えて（工藤祐允《すけよし》宮司）

町全体が津波に呑み込まれた宮城県の南三陸町は、1万7千人のうち1千人の安否がわからなくなった。津波により鉄骨の骨組みだけが残った町役場の防災対策庁舎は、津波による被害の甚大さを物語るシンボルとなっている。

歌を詠んだ同町の上山八幡宮の工藤祐允宮司は、今回の大震災で避難所となった志津川高校の元教師で、教え子の多くが防災対策庁舎に勤務していた。

「私は昭和46年から平成3年まで、志津川高校で国語の教師をしていました。防災対策庁舎にいた職員たちは建物のてっぺんに登ったそうです。それで10人は助かったけれども、26人が流されてしまいました。流されて亡くなった職員の大半が、私の教え子でした」

工藤宮司の言葉に、ペンを走らせていた私の手が止まった。教え子ですか？　鉄骨だらけになった防災対策庁舎に……。その心境はいかほどのものなのか想像もつかない。私は言葉を失い工藤宮司の次の言葉をひたすら待った。

「昭和35年のチリ地震の津波のときには、上山八幡宮はここにあったんです」と、工藤宮司が新聞記事の写真を指差した。そこは大津波で骨組みだけになった防災対策庁舎の位置だ。覗き込む私に、工藤宮司は、

「ええ。防災対策庁舎の隣に神社はあったんです。チリ地震の津波は6メートルぐらいだったので、神社は流されませんでしたが、その後洪水があって昭和46年に、こちらの高台に移ってきたんです」

防災対策庁舎にいた教え子たち、そして神社もその場所にご鎮座していたという事実。

「高台にお社が遷座したからこそ、今回の津波の被害を免れたのですね」と、返答できたのは、少ししてからだった。

高台にある神社は海抜16メートル。だが、大津波は鳥居の手前にまで到達した。

「3月11日、14時46分に地震があった後、私は、氏子さんたちが逃げてくるだろうと、すぐに玄関の鍵を開けて待っていました。

チリ地震の津波のときにも、私の家には氏子さんが60人ほど避難してきました。今回も、『10年以内には宮城県沖地震は起きる』と報道もされていました。氏子さんたちがきっと神社に来るだろうと思っていたんです」

工藤宮司の自宅は津波で流された。自宅裏は坂になっている。海から流れてきたガレキが家まで

押し寄せて来て全壊した。

静かにポツリポツリと言葉を紡ぎながら、工藤宮司が3・11を振り返ってくれた。

午後3時、防災対策庁舎から、危機管理課・遠藤未希さんの「津波が来ます。逃げてください」と避難を呼びかけるアナウンスが流れた。その10分後、男性の声に変わり「大津波が来ます。高台に逃げてください」と放送が3回あり、そして声が途切れた。工藤宮司、奥さん、娘さん夫婦とお孫さんは5分後には、神社の近くにある高台の公園に避難。逃げてきた人たち300人とともに大津波を見た。

「私たちは、津波の第一波を見ました。思わず『火事だ』と叫びましたが、それは津波の黄色い土煙だったんですね。海底の砂を巻き上げてきて、ドーンとすごい衝撃とともに波がきて、あっという間に高台の上まで水が来ました」

高台にある避難所となっていた保育所にも津波の水が押し寄せた。工藤宮司も腰下まで水につかりながら神社の裏山へ避難し、さらにその山を越えた場所にある小学校へと逃げて難を逃れた。

工藤宮司は、その翌日から氏子さんたちの安否確認のため、志津川の5カ所の避難所を歩いてまわった。

午前11時、突然やめた気仙沼行き

3年前から足腰に痛みが出ていた工藤宮司は、医師からプールでの歩行をすすめられ、週に2〜

3度、JRに乗り南気仙沼のスイミングスクールに通っていた。その日の午後も出かけるはずだった。

「3月11日の朝、家内に『今日は気仙沼のプールに午後1時半の汽車で行って、3時半の汽車で帰ってくる』と話していたんです」

スイミングスクールの近くにある、魚料理の美味しい釜飯屋「大松」で昼飯を食べて帰るのも楽しみの一つだった。店の女将さんとよく世間話をしていたという。

「ところが、どういうわけか11時頃になって、『今日、行くのやめた』と。行っていたら、もうどうなっていたかわかりません。なぜかふと、やめたんですよね」

理由はわからない。「ふと、やめた」のだと、首をかしげた。

時折、人には頭で考えても説明のつかない何かにつき動かされることがある。工藤宮司は、「ふと」浮かんだその直観に従うことで一命を取りとめた。

生と死の狭間には何があるのだろうか。

4月に入り、工藤宮司は避難する場所に、宮城県の加美町を選んだ。氏子さんからは「宮司、神社や俺たちをおいて、なんで遠い加美町にいくんだ?」と声があがり、それを聞きつけた河北新報の記者が取材に来たという。

「加美町は、昭和34年に私が教員生活をスタートさせた思い出の土地でした。避難所までバスの移動中に同行取材した新聞記者さんに、『9月の神社のお祭りは絶対にやりたい』という思いを伝えて、新聞に掲載してもらったんです」

4月4日に新聞記事が出ると、すぐさま反響があった。宮城県加美町の鹿島神社、薬莱《やくらい》神社、同県美里町の山神社の3人の宮司さんが避難所まで訪問してくれた。神職として祭祀に必要な草履、袴、烏帽子、浄衣などの装束を一式と、山神社の宮司さんの奥さんからは、「車を使ってください」という申し出まであった。

そこで一息ついた工藤宮司は、「あー本当にありがたいですね」と、お腹の底から息を吐き出すように言葉をもらした。

「その車は6月末までお借りしました。私たちは車の購入を決めて、加美町の小野田分校での最初の教え子に依頼しました。彼は自動車の仕事をしていて、東京のオークションで立派な車を探してきてくれてね。いやぁ、ありがたいです」

工藤宮司が初めての笑顔を見せてくれた。「ほんとうに、ありがたい」と、噛みしめながら。感謝の思いは、人の心を開かせていく。大震災と大津波を経験し、家を失いながらも、宮司から「ありがたい」という言葉が、何度も心の底から溢れてくる姿に、聞いている私の胸が熱くなった。

「言霊《ことだま》の幸はふ国」といわれる日本では、言葉に霊力が宿る「言霊」が信じられてきた。良い言葉には良いことを、悪い言葉には悪いことをもたらす不思議な力が、あると考えられてきた。

艱難辛苦を経験するなかで感じた人のつながりと、そこから溢れてくる感謝のこころ。

工藤宮司のお話を聞いている間、何度も何度も「ありがたい」という言霊を耳にした。もし私が同じような経験をしたときに、工藤宮司や第1章の荒木タキ子さんのように、「ありがたい」という思いは湧いてくるのだろうか。こうした思いの深さを「言霊」と呼ぶのではないだろうか。

教え子たちが避難所に

避難先の加美町交流センターでは懐かしい再会もあった。教師時代の同僚が訪ねてきたり、教え子たちとの偶然の出会いもあった。センターの食事を作っていた婦人会の一人から、「先生、私のことわかりますか?」と、声をかけられたのだ。

「私は75歳。声をかけてきた女性も70歳。22歳で教員になったので、17歳だった教え子とは5つしか違わないんですよ。その女性が、『みんなを連れてくるから』と、教え子の女性7人がセンターに会いに来てくれたんです」

教え子の女性たちは当時の写真をコピーしてきてくれた。新米教師だった工藤宮司は、みんなから「野郎《やろう》っこ先生」と呼ばれていたと、満面の笑みを浮かべた。

「教え子が、持ってきてくれた写真の一人を指して、『この人、先生覚えてる?』と聞くんです。『綺麗な人だけどわからないなあ』というと、『気仙沼にお嫁に行って、今回助かったけれど、お店は流されてしまったんだって』と。店の名前を聞いたら、『お店の名前は大松さん』って」

偶然にも、プールの後の楽しみに通っていた釜飯屋の女将さんは教え子だったのだ。

「みんなから、『先生、何で知ってるの?』と聞かれたので、話したんです、3月11日も行くつもりだったと。あのね、人の縁ってほんと不思議だ!」と、何度も頷く。

津波で亡くなられた教え子。避難所で再会した教え子。流されたいきつけの店の女将も昔の教え子……人と人のつながりのご神縁を感じる。そのなかに生と死がある。一つひとつの「つながり」の大切さ、深さが私の心にも重くしみていくようだ。

12年ぶりに浮かんだ和歌

3月11日に裏山の小学校に避難した工藤宮司は、翌12日の朝には山を越え、歩いて上山八幡宮まで朝拝をしに戻った。加美町の避難所生活でも、鹿島神社まで朝拝をしに出かけていったという。これまで仕事で出張しているときも、必ず近くの神社を聞いて朝の参拝は欠かさなかった。

「4月4日の朝、鹿島神社でお参りをすませて、鳴瀬川の土手を歩いて避難所に戻ろうとしていたときです。そのとき歌が生まれてきたんです、12年ぶりに」

工藤宮司のお父様も歌を詠んでいた。また宮司も、國學院大學時代は短歌研究会で短歌を詠んでいたという。

「12年前の親父が亡くなった日から歌が一切詠めなくなっていたんです。それが大震災の後、4月3日に避難所に移って、その翌日、4日の朝6時に鹿島神社にお参りにいった後、歌が生まれました」

工藤宮司は、生まれたばかりの歌を忘れないように、鳴瀬川の土手を歩きながら何度も口ずさみ、避難所のセンターに戻るやいなやすぐにメモを取ったという。

「これは『歌でこの震災を残しなさい』と、神様が仰っていると思いました」
そして数首の歌が誕生した。

受け付けの窓口に居て来る人に笑顔を見せし君はいませず（工藤祐允宮司）

避難所の近くに住める神職の装束拝受し祭祀に出向く（工藤祐允宮司）

冒頭の歌もそのとき生まれた歌。そしてその後も数々の歌が詠まれていく。また禰宜を務める娘の真弓さんは、五行歌を詠んでいる。祖父、父、娘へと、歌詠みの才能は受け継がれている。さらに、5歳の孫の由祐君までもが。その一部を紹介したい。

真弓さんの五行歌

やめて
やめて
津波に
叫びながら
逃げる

町は
消えていた
あまりに非情で
声が出ない
涙も出ない

波は
鳥居の下まで
そこから上は別世界
紅梅が咲いて
福寿草が咲いて

装束と
笏と
宮司の印は
無事だった
頑張りなさいということ

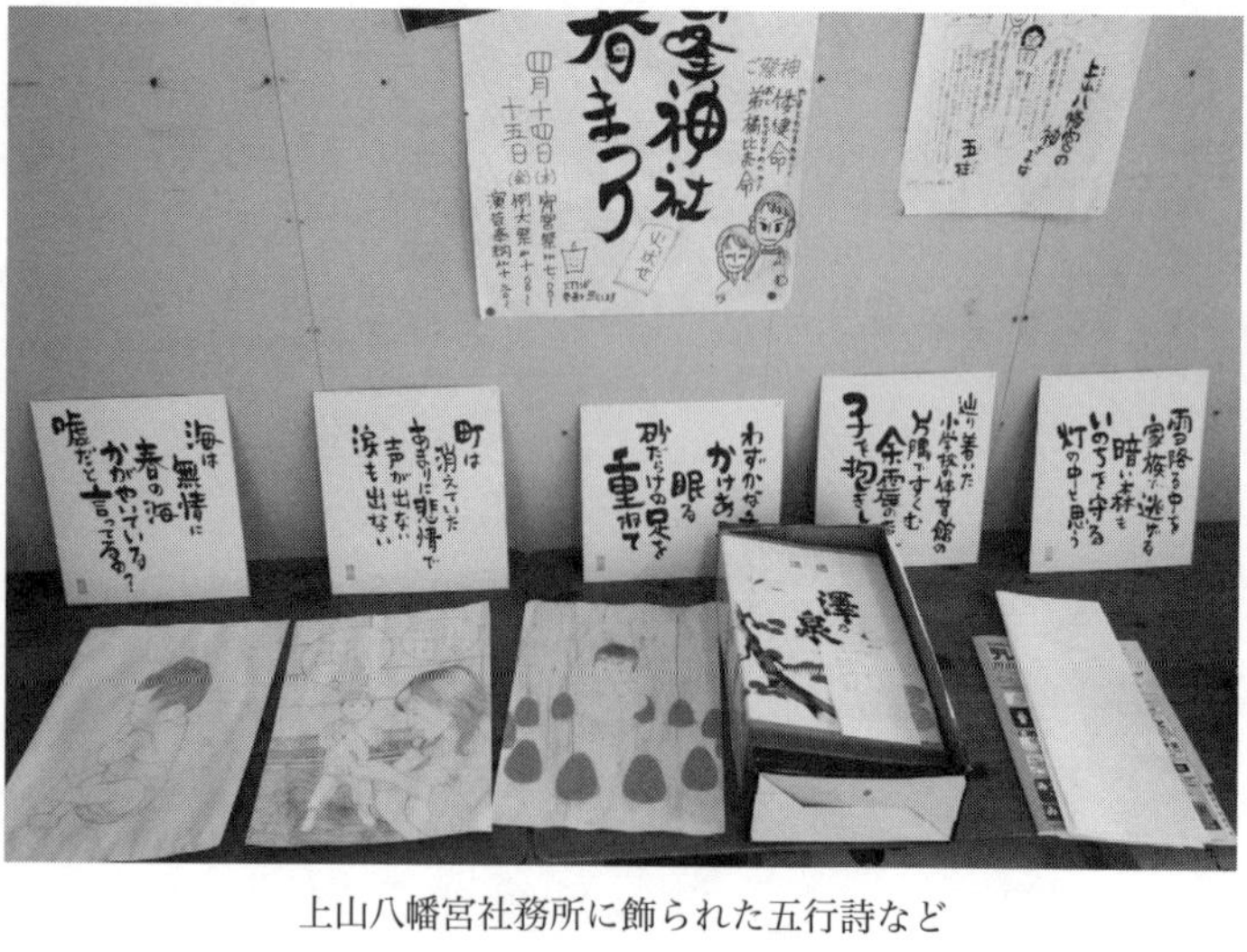

上山八幡宮社務所に飾られた五行詩など

被災して
十日目の夜に
夫が泣いていた
じっと
静かに

もう
私だけの命ではない
空に還った
無数の夢を
叶えるように

5歳になった由祐君の歌

つなみはさぁ
ゆーちゃんみたいに
いちめーとるくらい
だったら

真弓さんと5歳の由祐君の歌

よかったのに
ぼく
きらいな
じじんだよ
ばつ
ばつ

工藤宮司の娘の真弓さんも、娘婿の庄悦《しょうえつ》さんも上山八幡宮の神職を務めている。神職とは、神社で神様にご奉仕する職員を指す。ご神徳の高揚をはかり、祭祀をおこない、境内の清浄に務め神社を運営する。地方ではいまだに、神官や神主と呼ばれることもあるようだ。

全国にある約8万の神社のなかで、普段から神職が常駐している神社は約1万社。明治の初めには、約18~19万社の神社があったそうだが、町村合併や神社統合により約10万社が消滅している。神社に奉仕する神職は全国に約2万人。そのなかで、神職だけで生活している人を専業神職と呼び、全体の1~2割程度。また別の仕事を持ちながら神職をしている人を兼業神職と呼ぶ。私も記者をしながらの兼業神職の一人にあたる。

仏教の僧は全国約20万人というので、神職はその10分の1しかいないことになる。

神職の役職は神社の責任者である宮司、そしてあまり耳慣れないかと思うが、宮司のもとで祭礼を執りおこない、事務全般を務める禰宜《ねぎ》という役職。またその下に権禰宜《ごんねぎ》がいる。この権《ごん》というのは仮という意味である。これが一般的な神社といわれているが、神社により職員数は違う。神社の本宗、伊勢の神宮での職階は、祭主、大宮司、少宮司、禰宜、権禰宜、宮掌となっている。大きな神社には、宮司の次に、補佐する権宮司がいる場合もある。

神職の仕事は、祭祀厳修《さいしげんしゅう》という言葉が示すとおり、神にお仕えし祭祀をおこなうこと。神様と人との間で仲を執り持ち祭礼や儀礼をおこなうことから、「仲執持ち《なかとりもち》」という。

上山八幡宮の真弓さんや私のように、今では女性神職も増えてはいる。2004年（平成16年）には神職2万1千500人のうち、男性が1万9千人弱、女性は2千600人弱で全体の12％。そのうち2割の500人が、女性として宮司を務めている。

また「社家《しゃけ》」という言葉もあり、これは代々神職の家に育った人という意味がある。

戦前には女性神職はいなかったため、比較的新しい存在であるが、古より女性と神社のかかわりにおいては、「巫女《みこ》」が神のご託宣を取り次ぐ役割を果たしており、現在の巫女は、神職の補佐として存在している。

贈られた「復興祈願絵馬」の歌に涙が

4月、春の訪れとともに、遠く離れた滋賀県から工藤宮司の心をうつ歌の贈り物が届けられた。送り主は、滋賀県東近江市にご鎮座する野々宮神社の中島伸男宮司。4月に斎行される「東日本大震災の復興祈願祭」の奉告と、氏子さんたちが寄せ書きした、「復興祈願絵馬」を、上山八幡宮に奉納したいという申し出があったのだ。

届いた絵馬を見て、工藤宮司は驚いた。

「美濃和紙に書かれた寄せ書きは、畳3畳ほどもある大きさで、その真ん中にね、中島宮司さんの歌が書いてありました。その歌を見たとき、私……涙が出てきて……」と、目を潤ませて声をつまらせた。大きな絵馬の真ん中に、震災で避難を余儀なくされた被災者の姿を詠んだ歌があった。多くの人の復興への思いのつまった寄せ書きとともに。

列つくり静かに救援物資待つ我が同胞を誇りとしたし（野々宮神社　中島伸男宮司）

大震災後、被災された方々の文句も言わずに支援物資を待つ礼儀正しさ、秩序を維持するその姿が海外メディアに取り上げられていた。中島宮司の歌のように、被災された方々に思いをはせた人も多いのではないだろうか。

工藤宮司は「ぜひ、氏子さんたちにも見てもらいたい」と、この復興祈願絵馬を、4月29日に開催された南三陸町の第1回「福興市」のステージに飾ってもらった。さらに、南三陸町の町民の方たちが避難している登米市、大崎市、栗原市、加美町など10カ所の避難所のロビーにも飾り町民を励ました。その後、地元南三陸町のホテル観洋にも展示し、今は上山八幡宮に戻って拝殿に飾られている。

「列つくり静かに救援物資待つわが同胞を誇りとしたし」絵馬の中心に、
滋賀県「野々宮神社」中島伸男宮司の歌が

有難く共に生きると身に滲みて読む寄せ書きの言の葉の数々（工藤祐允宮司）

大いなる寄せ書き展げ被災せる氏子と共に復興祈る（工藤祐允宮司）

復興祈願絵馬を機に中島宮司との縁が結ばれ、その後、9月におこなわれた秋の例大祭にも強力な助っ人が現れた。

「神社の秋の祭りは、絶対にとりおこないたいと思っていました。うちの神社の氏子地域の1千戸のうち800戸が津波で流されています。こんなときだからこそ、祭りをして〝地域の意味〟を考え直さなければならないと思いました」

町から仮設住宅へ移り、氏子さんがいなくなってしまった町。工藤宮司は、こんな時だからこそ神様に、「氏子さんたちが町に戻ってこられるように」祈ること、そして、「高台の鎮守の杜から、すべて流出してしまった町を見守っている」ことを神前に奉告し、「大神様の御心が平静に鎮まりますように」祈願することが大切だと思ったのだ。

神職は神様との「仲執持ち」として自分のことを祈ることはない。工藤宮司も、氏子さんたちが町に戻ってこられるよう祈り、強く願ったのだ。

古来、神様は大きな樹や巨岩、山に宿ると考えられ、そのあたりの広場は聖地とされた。そして磐境《いわさか》・神籬《ひもろぎ》という神座を祭場とした。神様と人が一体となり祀りをおこなう、これが祭礼のはじまりといわれている。

神とは、「世の常ならぬ優《すぐ》れたる徳のあるもの」といわれ、自然の脅威、人知を超えたもの、宇宙の働き一つひとつが神とされている。森羅万象、風の働き、雨の働きを通して神様を感じ、その神様にお仕えし感謝の祭をおこなってきた。

自然の条件に左右される農業や漁業を営んできた私たちの先人たちは、日照りや大雨、台風といった自然の働きを神様の業と思い、畏《おそ》れ敬い、その聖地に集まり共同作業をし、共同体で祭りや宴会をおこなってきたのだ。そのため日本の祭りは、主食である稲作に由来するものが多い。やがてこの聖域に、共同体単位で氏神をお祀りするようになり、その聖域は、神様が住まれる「神社」へとなっていった。氏子とは、こうした共同体のメンバーのことでもある。古代から共同体は、人生の共同体でもあったのだ。

神職の祈りとは、「この共同体が守られ、一人ひとりが持っている使命に励めるように」という願いを神様に捧げるものだ。自分の命は、祖先から受け継がれてきた「今」ある命であり、自然に育まれ、共同体のなかで生かされていることを感謝して、お祭りをおこなう。

大震災以降、共同体のメンバーが不在となった町を、高台の上山八幡宮から毎日目にする。津波ですべて無くなった町、仮設住宅に暮らす人々へ思いを馳せる。「だからこそ、今年は絶対に祭りをしなければならない」。きっと工藤宮司は、そう心のなかで決心されたのだ。

復興祈願絵馬を贈ってくれた野々宮神社の中島宮司に、祭り斎行の決心を報告した。すると野々宮神社に縁のある伊勢大神楽の人たち6人が祭り当日に南三陸町を訪れ、獅子舞と曲芸を奉納してくれたという。

「志津川小学校の仮設住宅にも行き、小学生と幼稚園児200人の前で、大神楽を披露してくれました。ありがたいですね」

また、独日協会ハノーバー・茶道会会長のレナーテ・シャートさんからは、義捐金900万円あまりが南三陸町へ寄附された。これはレナーテさんと20年来の親交がある中島宮司が結んだ縁だった。「600万円は親を失った子どもたちへ。残りは家を流された高齢者へ寄附したい」というレナーテさんの想いは、中島宮司から工藤宮司へ、そして子どもたちへと結ばれていった。

結び……人知を超えた「結び」がある。予想もしなかったものや人が、何かをきっかけに結び付けられていく。直観で感じたことを行動に移すことで、人と人を結びつけることもあれば、ある人の熱い想いが波紋のように広がっていき、その想いを受け取るにふさわしい人や場所にたどり着くこともある。レナーテさんの想いが南三陸町に届いたように。この大震災をきっかけに、世界中からそうした想いや援助が届けられた。私にはまるで、見えない糸が幾何学模様のように張りめぐらされて、美しい模様を綾織りしているように感じることがある。それを人は「ご神縁」と呼ぶのではないだろうか。

甥っ子が、ボランティアの要に

9月から登米市の仮設住宅で、5人で生活をしている工藤一家。神社までは、車で片道40分かけて毎日通っている。

工藤宮司の願いのこもった秋のお祭りは、ボランティアの人たちの協力を得て9月に無事に執りおこなわれた。

大震災後、神社の社務所の2階は、全国から訪れたボランティアの人たちの宿泊所になっていた。「何人泊まっていたかは、把握できていません」と、権禰宜を務める娘婿の庄悦さんも座に加わってくださった。

8月末には、ボランティアが社務所の2階に寝泊まりはしていたが、南三陸町のガレキ撤去に従事し、神社のガレキ撤去などの奉仕活動ができる人はまだいなかった。そんななか、九州の博多から来ていた市役所の職員と医師の2人が、九州に戻る日の朝、一緒に来ていた大学生のボランティア100人を連れて神社を訪れ、撤去作業を手伝ってくれた。

「時間が許す限り、ギリギリの時間まで撤去作業をしてくれてね。これも本当にありがたいと思ってねぇ」と庄悦さん。

秋のお祭り

同じ頃、工藤宮司は総代さんたちと9月の秋の例大祭について話しあっていた。

「総代さん方もみんな、それぞれの仮設に避難していますから、全員集まるということはできません。それでも私は、『参拝者が少なくても祭りはどうしてもやりたい。仮設住宅に戻ったら、お祭りはするよと、みなさんに伝えてください』とお願いをしました」

工藤宮司の思いを耳にした神戸からきていたボランティアが、「上山八幡宮で秋祭りがおこなわれる」と、インターネットでその情報を流した。それが広まり、8月末からボランティアが大勢集まり、神社と宮司宅のガレキの撤去が始まったのだ。

その中心となり、ボランティアへの作業を指示した男性がいた。悪戯っぽい表情で工藤宮司が笑い、続けた。

「これが、山形に住む妹の息子で、長友人《ちょうともと》という男です」

もともと全国各地でボランティア活動をしていた甥っ子の友人《ともと》さんに、7月末に工藤宮司が電話で依頼した。

「この男が、ボランティアに全部指示をしてくれて。本当にありがたかったね！」

誇らしげな工藤宮司の言葉を、庄悦さんが引き継いだ。

「彼はここに来たらすぐにガレキ撤去がはじまると思っていたらしいんです。でも3日4日経っても、社務所の上に宿泊している人たちは、志津川の街へと出かけて行ってしまい、ここでは何も活動が始まらない。そこで『こんなんだったら一人でやる』と、神社やその周りの撤去を一人で始めたんです。自分が知っている全国のボランティアに電話をして、手伝いの人を呼び始めたんです」

友人《ともと》さんのネットワークは強靱だった。「30人で行きます」「50人で行きます」と、全国からボランティアが集い始めたのだ。友人《ともと》さんの頑張りを目にして、社務所の2階に宿泊していた団体も参加するようになり、ボランティアの輪が広がっていった。

「9月の秋祭りでは、ボランティアの人たちが幟を立てて、灯籠の灯りをつけたり、子どもたちの描いた絵灯籠に火をつけたり、境内の階段に灯りを灯したりなど、全部やってくれました。ありがたかったねー」

義従弟の友人《ともと》さんとはこの時が初対面だった庄悦さんも、若い人たちの力に目を見張った。

「いつもは総代さんと氏子さんがやっていますが、今はみんな仮設住宅でバラバラになってしまっています。その代わりをボランティアの方たちがやってくださって、本当に助かりました。

本来なら稚児行列も毎年おこなっているのですが、町を練り歩くのは無理ですから、日曜日に神社まで来ていただけたら、子どもさんに稚児の衣装を着ていただいて、写真撮影をするということにしたんです。仮設住宅からも30人の子どもさんたちが来ましたね。その都度、私が神社の前でお祓いをして、お供えをお渡しして。今年はすべて無償でやりました。着付けもボランティアの方がやってくださったんですよ」

そうして秋の神事を無事に執りおこなった工藤宮司が、感謝と鎮魂のために詠んだ歌。

揺れ動く灯りよ届け今は亡き親しき人等の霊《みたま》のもとに（工藤祐允宮司）

七五三で、子どもの成人を願う

私がお社を訪れた日は、ちょうど七五三の15日。全国の神社では、晴れ着を身にまとった親子が、子どもの成長を願い祝うため、ご祈祷に訪れる日だ。

初宮参りから始まり、七五三、昔は元服、今は成人式といった、一人の人間の人生の節目節目を祝い、氏神様に奉告し成長を願い祈願する「人生儀礼」は、神社の果たす大きな役割の一つでもある。

権禰宜の庄悦さんは、6年前に真弓さんと結婚し婿入りしたのを機に神職になった。

津波と地震を体験した庄悦さんは、神職としての使命感が深く傷ついていた。だが同じ仮設住宅に住む人からの一本の

上山八幡宮の七五三

電話が、彼の心を奮いたたせた。

「今年も七五三、やりますよね?」

依頼した女性も4歳になる子どもの母親だった。

「わが子の幸せを願ってもらう初めての機会」と、神社に電話をしてきてくれたのだ。

「震災を乗り越えた子どもの命は、もう一人だけの命じゃないんですよね。亡くなった子どもたちへの愛情もこめて、大切に育てていきたいです」と、庄悦さん。

高台の神社から見える町は、大量のガレキの山だ。町民のほとんどは仮設住宅で暮らしている。むろん晴れ着もないし、借りるお金もない。それでも、命はつながっていく。思いもつながっていく。親から子へ。子から孫へ。そして思いは人の輪にも広がっていく。

「親を支えてくれているように、将来、息子や子どもたちが被災地の力になっていくと信じています」

庄悦さんを取材した新聞記事「希望の子　復興託す七五三　晴れ着なくても…門出大切　南三陸」(『東京新聞』2011年11月7日)が掲載されると、全国

上山八幡宮に届いた七五三の晴れ着

から七五三の晴れ着の着物が、送られてきたのだ。

「この記事が載った朝から、『晴れ着を送りたい』と、静岡と東京から連絡がありました」

「被災地の人たちは大変でしょうから、七五三のご祈祷の玉串料は私が出しますので、神社の口座を教えてください」という電話もあった。

「三重県の神社の神主さんからはお米が、60キロも届けられました。それを5キロずつ、小さな袋に入れて、七五三の参拝に来た親御さんたちにお渡ししているんです」

隣で、かみしめるようにつぶやく工藤宮司。

「ありがたいですよね」

新聞記事を見た、東京都八王子市の小学校の女性教師は、「着付けを手伝います」と、高速バスで石巻市まで来た後、友人の車を乗りついで南三陸町まで駆けつけてこられた。

3歳の女の子とお母さんが来たときのこと、津波で着物も無いだろうと、その女性教師は、お母さん用の着物も持参する心配りを見せていた。

「お母さんにも着付けをしてあげて、親子で正装してお参りさせてあげられて、本当にありがたい」


新聞の力改め思いおり各地より届く贈り物受けて（工藤祐允宮司）

ガレキから見つかった教え子からの年賀状

ボランティアの人たちが宮司宅のガレキ撤去をしていたときのこと。「宮司さん、これ、見つかりました」と手渡されたのは、２０１１年（平成23年）の正月に届いた年賀状だった。「ガレキのなかから、送られてきた年賀状がすっかり固まった状態でみつかったんです」

泥を落とし最初に見えたのは教え子からの年賀状だった。

「防災対策庁舎で最後に『大津波が来ます、高台に逃げてください』と叫んだ職員の奥さんからの年賀状でした。奥さんの担任を3年間しましたし、彼らの結婚式を奉仕しました。毎年、家族の年賀状が送られてきていました。それがね、年賀状のいちばん上にあったんですよね。今も大事にとってあります」

年賀状の写真の君は今はなし
　残されし家族を想ひ黙せり（工藤祐允宮司）

きりこつくりで正月準備

お正月を間近に控えた社務所で、工藤宮司と庄悦さんの「きりこ」作りに力がこもっていた。東北地方では「きりこ（切り紙）」が、伝統のお正月の神棚飾りとして、今も受け継がれ

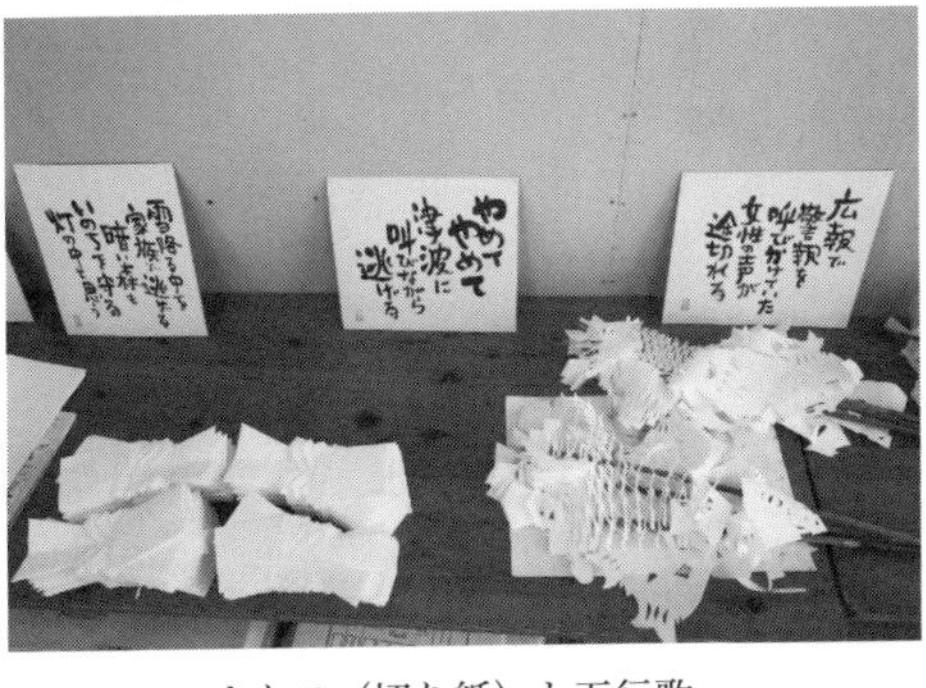

きりこ（切り紙）と五行歌

ている。

和紙を重ね、型紙を添えて、縁起物の鯛や、投げ網、扇の形に刃物で切りこんでいく。棒を挿して折り広げていくと、注連縄のようなきりこができ上がる。津波にもこのきりこの型紙は無事だった。被災した氏子が多いため、例年の1／3というが、それでも1600枚を製作。

「震災を乗り越えて生かされたという思いを大切にして、前向きに新たな年を迎えてほしい」と、2人が自宅そばの一本の木に案内してくれた。

あすなろのように光に向かい逞しく

ゆうちゃんとこは
アスナロの木が
ぴょーん
て
たってるだけなの

工藤祐允宮司（右）と庄悦権禰宜（左）

工藤祐允宮司

上山八幡宮の鳥居下、自宅そばに一本だけ残ったあすなろの木。工藤宮司は、津波をかぶったことで枯れるのを心配して、あすなろの根の周りの土を入れ替えた。

２人が復興への思いを込めて指差すあすなろの木からは、太陽の光が照り輝いている。

「３・11の午前と午後で、私は生まれ変わった気がします」と、工藤宮司。

「午前中までは、少なくとも私はね、物を中心とした生活をしていました。無くてもいいような物や、使わないような物を買い、ずっと物質中心の生活を続けていた気がします。ところが、3月11日の午後から今日までは、そしてこれからもですが、それまでとは生き方がまるきり変わりました。大切なのは物ではないんだよね。人の心、人と人のつながり、絆が本当に大切なのだということが、つくづくわかりましたよ」

全国から集まったボランティアたちの生き方を見ていると、教えられることも多かったという。

「逆に、阪神淡路大震災や新潟地震のとき、私は何をしていただろうと心底思います。この震災を通して人として生きる真の生き方というものをね、教えてもらった気がします」

人と人とのつながり、心の通いあいの大切さを伝えたいと、現在、震災後に詠んだ歌集を製作中だ。工藤宮司の深い眼差しと言葉で、胸が温かさに包み込まれていくようだ。

人のなかに宿る神性に、私はいつも感動してしまう。その人のなかにある叡智、苦難を経験しても、そこから何かを学んだと言える謙虚な心、すべてを失ったなかで感じる感謝の想い。どんな状況でも神に祈りを捧げようとする姿勢。この震災を記憶に残そうとして、心の奥底から湧きあがる和歌。それは魂の叫びでもあるのだ。

「私たちは、生きているんではなくて、神様に『生かされている』ということを、いちばん痛感しています。あらゆるところに神様がいるのは、みなさんもわかっているでしょうけれども、そういうことをね、もう一度、今、考えなおす必要があるんでしょうね」

あらゆるところにいる神様……それは、甥っ子として現れるか、ボランティアとして現れるか、教え子たちとして現れるか、ほかの神社の宮司さんとして現れるかはわからない。天国の亡き教え子たちも然り……。

工藤宮司はことあるごとに「ありがたい」と心からの感謝の想いを口にしていた。そのたびに私は、その「言霊」を全身で感じた気がする。それを伝えると、「そう?」と、優しく微笑んだ工藤宮司は、最後にこう言った。

「神様に感謝することですね。
あらゆるところにいる〝神様〟に感謝して生きる。
私たちは生かされているんです」

あすなろはどの葉先にも銀色に
輝く果実つけてたくまし
（工藤祐允宮司）

あすなろの木を見つめる工藤祐允宮司（左）と権禰宜の庄悦さん（右）

上山八幡宮の工藤宮司と庄悦さんに別れを告げて、石巻市を目指した。

「この町も津波ひどかったんだね」

「防波堤、壊れてるよ」

車を走らせながら、自分たちの町を襲った同じ津波で被害を受けている町並みに目を向ける、武田さんと畠山さん。

私には、途中、寄ってみたいお社があった。だが壊滅状態にある町はカーナビが示す道もない。

釣石神社、宮城県石巻市北上町十三浜。

私が住所を告げると、「十三浜も、かなり被害を受けたところだね」と2人。何度も道に迷うなか、畠山さんが地元の方に聞いてくれて、ようやくたどりついた。

津波により破壊された防波堤

〝落ちそうで落ちない〟と、地元の受験生たちに人気のお社があるという。

神社の拝殿などは損壊したが、境内に登る坂の途中にせり出している巨石のご神体は、変わらず存在していた。高さ3メートル、周囲14メートルの巨石は、400年以上という長い年月、小さな石と石の間で、微妙なバランスを取りながら、震度7の地震と津波にも耐えていてくれた。

ご神体にそっと手を合わせて祈る。

途中、見つけたお社。鳥居の上が無くなっている

釣石神社の「落ちそうで落ちない」巨石は地震と津波に耐えていてくれた

上山八幡宮《かみのやま》

ご祭神　誉田別命《ほむたわけのみこと》　息長足比売命《おきながたらしひめのみこと》　多紀理比売命《たきりひめのみこと》
市杵島比売命《いちきしまひめのみこと》　多岐都比売命《たきつひめのみこと》

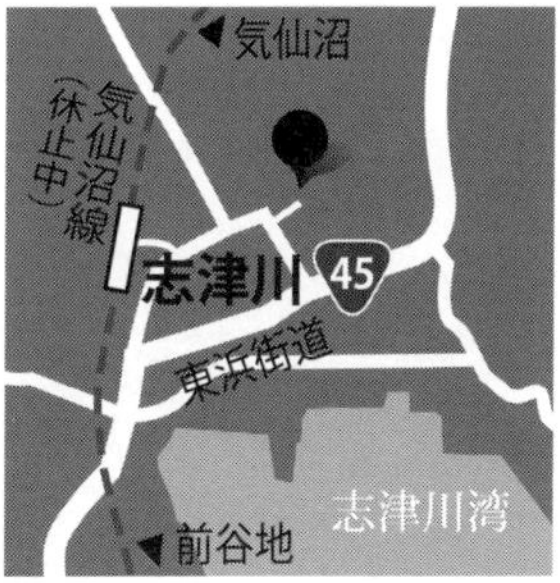

所在地：宮城県本吉郡南三陸町志津川字上の山 27 - 2

第3章

鹿島御児神社《かしまみこ》

（宮城県石巻市日和が丘）

権禰宜　窪木好文さん

リーダーとして社会のために
尽くすが私の役割。

明治天皇御製

ゆきにたへ嵐にたへし後にこそ松のくらゐも高く見えけれ

「大震災の影響で、七五三のお参りに、みなさんいらっしゃるだろうかと思っていましたが、ご祈祷にみえたご家族方の姿を見てほっとしています。被災していても、子どもさんの成長をお祝いする気持ちになっていらっしゃるのは嬉しいですね」

「助けて」の声の場所がわからない

大震災で被災した自治体のなかで、最多の避難者が出た宮城県石巻市。市内に建てられた仮設住宅は113カ所にもおよぶ。全国有数の水揚げ量を誇る石巻漁港も、壊滅的被害を受けた。

石巻市の市街地を一望できる、日和山山頂にご鎮座する鹿島御児《かしまみこ》神社。公園からは、旧北上川の川向こうに集められたガレキの山が見えている。震災後、石巻市を訪れた人々は、まずこの日和山に登り街を眺めるようになったという。桜や躑躅《つつじ》の名所として市民に親しまれている公園には、震災後、犠牲者への献花が後をたたない。同神社では、自主的にこの献花用の桶を用意し、花の水の取り換えもおこなっていた。

ボランティアの拠点基地ともなった石巻市には、2011年（平成23年）の3月～5月には、1日に、個人ボランティア600～800人、ボランティア団体400以上が全国から集まり、支援活動をおこなった。1日の炊きだしは4千～2万食を用意していたという。

鹿島御児神社の権禰宜で、㈳石巻青年会議所（JCI）の理事長も務めていた窪木好文さんにお会いした。窪木さんは、ボランティアのコーディネーターとして、人と人をつなぐ役割を果たしたという。

3月11日、地震後、市民の多くが日和山の高台へ避難してきていた。車のなかで夜を明かす行列も、日和山の下まで続いていた。

「あの時は何が何だかわからない状態ですし、もうなりふりかわまずでした。バキバキバキというけたたましい破裂音で、家やものや木が壊されている音が鳴り響いていて。そのすさまじい音の方を見ると黄色い粉塵が山の高さまで上がっています。そうかと思うと、目の前を家の屋根が流れていくんです。みんながパニックですからね」

権禰宜の窪木好文さん

津波が目の前の家をさらっていく。「助けてー」という声が聞こえると、窪木さんは夢中で高台を下りて助けに向かった。

「津波で流されてきた家の屋根と屋根が折り重なっているんです。そこにいる人を、高台に引っ張りあげて登る手助けをしました。けれども『助けて』の声が丘に反響していて、人のいる場所が特定できません。残念なことに、高台の裾まで来てくれた方以外は、お助けできませんでした」

当日は吹雪が吹き荒ぶ寒さだった。神社の境内には人が溢れていく。着のみ着のままで避難してきた小学生たちは、ブルーシートをみんなでかぶり震えてる。「土足でもいいからお宮に入りなさい」と、子どもたちを親御さんたちが迎えに来るまで拝殿のなかに避難させた。津波から逃れて高台に助け上げた人にも、迎えが来るまで拝殿で休憩してもらい、津波で濡れた人には着替えも手渡した。助けられた人のなかに、神社の総代長の姿もあったという。

「山裾に住んでいた総代長のご自宅も津波で流されて、2階部分がちぎれて流されて日和山にひっかかり、翌日に救助されたんです。1階にいた奥様は行方不明になり、後日発見されました」

地震により街では火災が発生していた。窪木さんは夜1時間おきに、境内に火の手が上がっていないかをチェックしていたという。

「3日間はろくに何も飲めない、食べられない、そして眠れない状態でした」

3日目には地元のラジオ局が放送できるように手助けをした。その後、青年会議所の理事長を務めていた窪木さんのところに、救援物資が送られてきた。そして炊きだしと物資配布の支援を続けた。

物資支援のコーディネーターとして

3月23日には石巻市社会福祉協議会が、「石巻市災害ボランティアセンター」を立ち上げた。同時期にNGO・NPO連絡会が組織された（後に㈳石巻災害復興支援協議会となった）。窪木さんは同連絡会の仕組みづくりから手伝いを始める。ボランティア同士の連携を取り、炊きだし支援班・泥出し班・医療班・マッサージ班などの班分けを行い、ボランティアのコーディネートを続けた。そのセンターからは多くの連携が生まれていったという。

物資を運ぶ手立てがないチームがいると、別のチームから「うちの車を貸すよ」と声があがった。様々なところから食料が送られてくる。腐ってしまう前に配布して食べなければならない食料も、各チームでシェアした。

また、先取り調査チームを設けて、どの避難所には何が不足している、という情報のリサーチを徹底しておこなったのだ。その結果、最終的には参画している団体皆が、地区ごとに今何が起きているのかを把握できる組織になっていった。

「個人のボランティアを受け入れるボランティアセンターともうまく連携が取れたと思います。青年会議所に入ってきた物資も自分たちで配布しました。私は地域に常駐するボランティアのチームリーダーとして支援活動をおこないました」

炊きだしにも、石巻市・ボランティア団体・自衛隊と3つの炊きだしがある。それが重複していないか、逆に炊きだしがおこなわれていない地域がないか、現状把握が必要だった。

「各家単位ではなく、〝地域〟単位で区切って活動することがとても重要で、私たちは効率よく活動できた気がします」

「天の岩戸」神話には、いわゆるトップダウン方式の絶対的命令ではなく、集団合議制に近い逸話が記されている。天照大御神が岩戸にお隠れになり、世界が暗闇に包まれてしまい、困り果てた八百万の神々は天の安河原に集まり、会議を開く。そして、踊るもの、祝詞をあげるもの、岩を開くものと、それぞれが自分の役割を果たし、一致協力して天照大御神を岩戸から出すことに成功する。誰か一人の意見が絶対なのではなく、どの考えにも長所も短所もあり、お互いにそれぞれの特性を生かし、譲り合い協力しようという、チームの「和」を尊ぶ。神社はもともと地域単位での活動をしている。それが身についている窪木さんにとり、ボランティアチームのリーダーという立場はとても自然だったのだろう。

鹿島御児神社の氏子さん5千戸のうち、山の手以外の家は全部浸水し、1千～1千500戸は全壊する被害を受けていた。窪木さんは、その氏子さんの現状把握することも必要だった。地域に根差す神社にとり、氏子さんはかけがえのない存在だ。

「ですから炊きだしをおこなったときにも、氏子さんにはできるだけ自分の手から料理を渡して、顔を見て励ましたいと思いましたね」

復興目的、主義主張は持ち込まないで

「全国から本当にいろいろな応援をいただきました。日和山の神社の娘婿が青年会議所の理事長を兼ねていたということで、人と人、団体と団体の〝つなぎ〟として大事な役割だったとは思いますが、目に見えて何かをやりましたってことはありません」と、謙遜しながら苦笑いをするが、窪木さんには心に留めていたことがあった。

「本来であれば、まったく交流のない団体同士を結びつけるわけです。そのために、『石巻復興』を目的に心を一つにして取り組みました。ときには、自分たちの主義主張を持ち込もうとする人もいましたが、そのたびに、『ここでは復興が目的です。イデオロギーは持ち込まないでください』と、相手に伝えるように努力しましたね。ありがたいことに、みなさん、一つの目的に向けて、それをきちんと守ってくれていました」

「復興」を柱に、あらゆる団体同士の調和と和合を目指した窪木さん。日本人のなかには自覚していなくても、共同体として調和して生きる心がどこかにあるからこそ、さまざまな意見や考えの人たちが集っても、復興という「柱」を守り一致団結することができたのではないだろうか。

そしてガレキだらけの石巻市役所の周りや駅前から綺麗にしようという活動も始まった。最初はボランティアから始まり、チームボランティアへ広がり、ゴールデンウィーク頃には市民たちへとその輪が広がっていった。

「やはり、どこかが綺麗になれば、希望が見えてくるんですよね」

「公益」を常に意識して

石巻市の街の復興を目的に心を一つにしていくことと、さらに窪木さんは、常に意識しているのが「公益」だという。

「私の実家も神社ですが、神社で生まれ育ち、また神社に奉仕しているものとして、さらに青年会議所での活動においても、ともに『公益』を常に考えていますし、それは当然のことのように思います」

自分の役割は、〝社会のため〟という思いを、今回の震災で改めて強く感じたという。

「今回、私の神社はほとんど被害がありませんでした。それに今年、青年会議所の理事長を務めていたことも意味があると思います。それは私の運命だったと感じるのです。ですから復興へ向けての活動をできる限りやっていこうと決心しました」

《世のため人のために奉仕し、神のみこともちとして世をつくり固め成すこと》

「敬神生活の綱領」という、神職の心得を記したものがある。

窪木さんが常に意識する「公」も、個人一人が幸せならいいというのではなく、社会や共同体全体の平和や幸せを願い、そのために尽くすことの大切さを説いている。

窪木さんが、いつも心がけ実践しているのは、こうした思いだ。

鳥居までの神輿渡御

毎年、鹿島御児神社では3月から、5月に斎行される例大祭の準備を始める。だが作年はそれどころではなかった。安否のわからない総代さんもいる。総代長さんも家が流され、しばらくの間神社で生活をしていた。その頃神社には氏子さん、青年会議所の何人かが寝泊りをしており、5月の祭りをどうするか話し合いがおこなわれていた。

その結果「神事を執りおこない、お祭りはきちんとしよう」と決定。その座のなかに東京・あきる野市から来ていた青年会議所の男性がいた。

「彼が『神社にはとても立派な神輿があるので、飾るだけでもいいから神輿を組もう』と言い始め、さらに仲間を8人連れて来てくれて、『神輿を担ごうよ』となり（笑）。でも神輿は1トン以上ありますから8人で担ぐのは容易ではありません。最終的には石巻市内を一望できる鳥居まで神輿を担いでいき、そこで黙祷できたのは嬉しかったです」

窪木さんがボランティアリーダーとして、炊きだしなどの支援活動をしていたことで、各地から来たボランティアの人たちと縁ができていたことも、神社のお祭りに役立った。

「本当にご縁をいただいていますね。一度、石巻市にボランティアに来てくださった人が、今度はまた違う形で訪れてくれるんです。今回の大震災を機に、自分たちの街ではどう震災への準備をすればいいのかなどの、コメントを求められたりもしています」

復興の祭りやイベントを主催して

夏には、治水で石巻一帯を救った川村孫兵衛重吉に対する報恩感謝の祭り「石巻川開き祭り」が開かれた。この祭りは大正時代に始まり、川の恵みに感謝するとともに、ご先祖を供養するもので、2011年（平成23年）年は、復興への祈りを込めて、「東日本大震災供養祭」も執りおこなわれ、震災で犠牲になられた方々の御霊を悼んだ。

「灯籠1万個の一つひとつに亡くなられた方のお名前と慰霊の言葉が記されて、北上川に流されていきました。今年は、祭りは無理かと思っていたんですが、震災後すぐに、『この祭りはやろう』ということに決まったんです」

さらに10月16日には、窪木さんが実行委員長を務め、石巻市・女川町・東松島市が協力し合い「おらほの復興市」も催された。

「おらほというのは、私たちという意味です。小さい規模の復興市は各地で開催されていますが、私たちは2市1町が集結した大規模な復興市を計画しました」

「公益」を大切にする窪木さんは、復興市への取り組みを通して、復興への気運を盛り上げていきたいと思っている。

「このお祭りには、2つの意味が込められていたんです。1つは被災した商店街への希望を。

8千人が来場した「おらほの復興市」。おらほは“私たち”という意味

もう一つは多くの方々に支援していただいたことへの感謝です。このお祭りがゴールなのではなく、スタートとして市民の復興への何かしらのきっかけになってほしいなと思いました。

震災後、避難所や仮設住宅、また家にこもりがちな地元の方々に、外に出てきてほしいという願いもありました」

復興市がおこなわれた石巻市総合運動公園には58の出店があり、総勢8千人が来場する盛大さを見せた。

「震災後、遊び場がなかった子どもたちに遊んで楽しんでほしかったんです。当日は、震災直後にボランティアに来ていた人たちが高速バスに乗って、この復興市のために石巻市まで来てくれました。各商店の人たちとボランティアの人たちが再会する姿もあり、みなさん明るかったですね。やはり半年過ぎた9月あたりから、みなさんの気持ちが復興へ向けて、一歩一歩前に向かった気がします」

リーダーとして見えた光と影

震災後、窪木さんは、人間の光と影との両方を目のあたりにした。

「みなさん『何もなくなった―』と、明るかったです。みんな誰しもが悲惨ですからね、それをあげつらう人もいません。『私よりもっと大変な人がいる』と、人を気遣っていました。そもそもそれが日本人らしいですよね。

たとえば、『家が流されても命があったから、私はまだいい方なんだ。お母さんを亡くされた方もいる』と。悲惨な状況の方ほど、笑いながらご自身のことを仰います。

家の解体のお祓いにもよく伺いましたが、すると、『俺はこうやって逃げたけど、お婆さんはここで亡くなった』とか、『自分の家にいたお父ちゃんは、流されて違うところで見つかって、自分の家にいたおじさんは、ぜんぜん知らない人だった』とか仰っていました」

一方、モラルが崩れた場面にも出くわすこともあった。

「震災直後ですが、商店に誰かが侵入して、品物を持っていく状況もあったんですよね。ジュースやタバコの自販機を壊している人もいました。浸水している家の住民が避難していて不在だとわかると、その家の2階に入る泥棒も実際いました。泥棒は何人かのグループなんでしょうが、でも商店に入るというのは、生きるためというか、本当に何ものがないという人たちですよね」

窪木さんは、商店から泥だらけの缶詰を手にして出てくるお爺ちゃんの姿を目撃した。車に残ったガソリンやタイヤ、また壊れた家屋から物を盗むことも起きていたという。切羽つまって食べ物や生活必需品が盗まれることも多かったのだ。

「いやぁ、もういたたまれなかったです。こういう状況になると、そうなってしまうんだなというのはありましたね。自分も同じ状況になったら、子どものためにどこからか食べるものを手に入れてきたい気持ちにもなるかもしれないし……」

もし自分がその立場になったらどうなるだろうか。すべてを失い、お金もなく食べるものもない。目の前に食料品店がある。空腹に耐えかねて、生きるために食べ物に手を延ばす。それが人のものだと思っても。また離ればなれになった家族を探しに行きたい。車のタイヤはパンクしている。目の前には乗り捨てられたのか、誰かの車があり、タイヤがついている、どうしても家族に会いたい……そんな状況になったとき、私も目の前にあるものに決して手を延ばさないと言い切れるだろうか。またそこで手を延ばした人を、誰が責められるだろう。

こんな非常時にはモラルが無くなるのはしょうがないことなのだろうかと、考えさせられたという窪木さん。

「でも、それはごく一部のことです」と、念を押す。

一部のこと。すべての人がそうならず、暴動や略奪が大きくならなかった、その「境」はなんだろう。それは、「自分も大変、でも周りに目をやると、もっと大変な人がいる」と、周りへと視線を移せることなのかもしれない。個人だけで人生は完結しない、人と人の「つながり」のなかで生きている自分という感覚を、無意識に受け継いできているのだろうか。

私たちは、どのような状況にあっても、ある瞬間「選択」をするのだと思う。自分の置かれた苛酷な状況、その〝世界〟だけに陥り、「影」を選んでしまうのか。しかしそうなったとしても、それを責めることはできない。

けれども今回の震災で、多くの人が「私より大変な人がいてね」というように、自分だけの世界から周りへと目を移す「境」があったのだ。その瞬間、昔から地域や共同体のなかで暮らしてきた先人たちの遺伝子が、目を覚まし発揮されたのではないだろうか。

窪木さんは、若い人たちが「光」を選択し行動した姿も目にする。

「水に濡れなかった蛇田地区でスーパーが開き始めたときです。私たちの地区の人は車もありませんから、買い物に行けないんですね。すると、若い人たちが自転車でスーパーに出かけていきました。何をするのだろうと思っていたら、ポテトチップスの袋を山盛りで買ってきて、お年寄りたちに配り始めたんですよ。そんな風に人の良い面も悪い面も見ましたね」

震災当初は、誰もが「みんなで生き残ろう」という思いで、譲り合いの精神を見せていたという。

「本当にみなさん、譲り合っていましたよ。ところが救援物資を配り始めた途中ぐらいから欲張る人が出てきました。誰もが落ち着いてくると先のことを考え始めます。家も財産も失くしていると、いかにお金を使わずに、ものを溜め込むか考えるんです。そこで、そろそろ物資による支援は終わりにしようと相談しました」

運転を担当してくれている武田さんと畠山さんも、窪木さんと同じことを味わったそうだ。「物を貰うことに慣れてくると、最初は感謝していても、それがあたり前になり、少数ですが、やがて物を貰えないことを不満に思う人もいた」と。

窪木さんたちは、4月末で物資の配布を終えることにした。

「そうしないと、被災された方の心が折れてしまい、逆に心の復興につながっていきません。依存度だけが高まると、最終的には行政の世話になり、生活保護が増えていきます。神戸の震災のときも、同じようなことがあったそうです」

その教訓を踏まえて途中から物資支援ではなく、炊きだしなど形の違う支援を考え始めたという。

窪木さんはご自身の子どもさんにもこう伝えている。「貰えるものは貰ってもいいけれど、それはほかの人がお金を出して買ったものを、貰ってるんだよ」と。

「日ごろから貰い過ぎていると、貰うことに盲目になってしまいます。形の違う支援を考え始めたのも、それを避けたい、心の復興を支えたいという思いからです。もちろん過渡期には、供給もたくさんありましたから、貰っていただいて助かった部分もあります。送られてきた物資をお返しできませんから」

震度7の大地震と津波。一命を取りとめ、「みんなで一緒に生きよう」という時期を過ぎると、誰もが次の生活を考え始める。「これからどうしよう」と。

すべてを流されてしまったとき、「貰えるものは貰いたい」という思いが湧きあがってもくる。今後のことを考えて途方に暮れ、不安から眠れない日々も過ごしただろう。

「ええ。だからこそ、そこから自分の意識をどうやってあげていくかですよね。食事面も、物資に頼らずに自立していこうという思いを持つことも、復興への第一歩につながります。支援の内容も、時期によって変化していくことが必要なんです」

震災で職を失った人も多い。ローンを抱えた家を流された人、家族を失った人もいる。津波により流されてしまったものは一人ひとり違う。ものと心の両面でのケアも必要となっていく。職を失った人たちの雇用問題もある。課題は山積みなのが現状なのだ。

だからこそ窪木さんは、「被災者の心に寄り添っていきたい」と語る。

「今、石巻市には大小含めて130の仮設住宅があります。そのなかで、みんなが孤立することがないようにしていきたいです。

炊きだしをして、そのまま『どうぞ』というだけでは効果はありませんよね。そこで、『みなさんでバーベキューを一緒にしましょう』『芋煮会しましょう』といった感じで働きかけていくことも必要です。

今、私たちがボランティアでやっているのは、『お茶っこ飲み会』です。孤立しないようにお茶を飲みましょうとみなさんに呼びかけています。みんなと一緒に何かをするきっかけづくりをしていくことを常に考えています。

何かのアクションで気持ちが晴れることがあるかもしれません。お祭りでもお茶会でもいいんです。何もしないでいるよりはいいはずです。

目の前の一歩でいいと思うんです。それが積み重なっていくといいですね」

「孤立させない地域作り」、それが今後の課題だという。

今回の津波で流された山裾の南浜町は、そうした町内会がうまく機能した地域だった。

「新興住宅地だと、コミュニティ意識も薄いですが、古い町だと、コミュニティがしっかりしています。神社を中心に地域がしっかりと結びついているんですね。震災翌日から、町内会のおじさんたちが帳面を手に、自分たちの町の人の安否確認をしていましたね。すごいなと感心しました」

同じ町には顔見知りが多い。「あそこのお婆さんいたか?」と隣近所の一人ひとりの顔を思い浮かべながらの自主的安否確認だった。都会ではできないことだ。特に個人情報保護法以降、民生委員などにしか住民の名前を知らされていない地域も多いだろう。

「地区のつながりとは別の〝お宮のつながり〟があったからこそできたことだと思います。石巻市でも、老人クラブのお年寄り同士が喧嘩している状況が見られました。互いに我慢がなく、組織を割ることもあったんです。

けれども今回の震災で、町内会のつながりの大切さが身にしみました。地域に根差した、昔ながらのうるさい親父がいる風景ですね（笑）。普段は口うるさいけど、いざというときに地域のために動いてくれる人たち。

私はこの8カ月、人と人、団体と団体の連携をとるつなぎのお役目は全うできたかもしれません。同時にもう一度、神社を通じて地域の和を見つめなおすことの重要性を痛感しています」

窪木さんが、七五三のご祈祷へ向かうために立ち上がった。

「震災後、最初に依頼があったご祈祷は、車を流された方が車を購入されて、その新車のお祓いでした。その次は、家を建てられる方が多くみえました。

そして七五三、やはり例年よりも少ないですけれども、震災から8カ月経ち、子どもの成長の印を大切にしたいと。そう思える親御さんがいらっしゃるのは、有難いことです。

震災から生き残った子どもさんたちが、これからも健やかに成長されますように願をこめて。ではご祈祷に行って参ります」

鹿島御児《かしまみこ》神社

ご祭神　武甕槌命《たけみかづちのみこと》　鹿島天足別命《かしまあまたりわけのみこと》

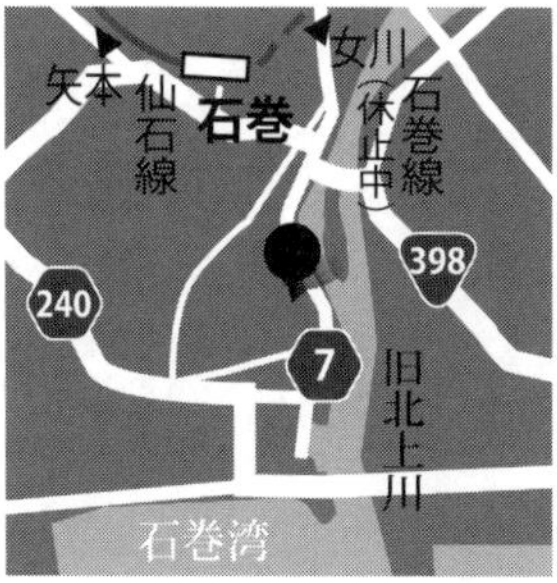

所在地：宮城県石巻市日和が丘2-1-10

第4章

伊去波夜和氣命《いこはやわきみこと》神社

（宮城県石巻市大宮町）

宮司　大國龍笙《おおくにりゅうしょう》さん

自然の猛威さえ、〝ありのまま〟に受け止める強さ。

天皇陛下御製　（平成23年）

東日本大震災の被災者を見舞ひて

大いなるまがのいたみに耐へて生くる人の言葉に心打たるる

3月11日の大震災後、宮城県石巻市街の中心部から南東に位置する渡波《わたのは》地区は、外部の人が4月までは足を踏み入れることができないほど被害が甚大だった。

その倒壊した住宅や車のガレキの山で近づくことができない渡波地区で、人々に「道案内」をしていた一人の宮司さんがいる。

宮城県石巻市の大宮町にご鎮座する伊去波夜和氣《いこはやわき》命《みこと》神社。地元では「おみょんつぁん」と愛されている別名・明神社の大國龍笙《おおくにりゅうしょう》宮司だ。

こちらの神社のご祭神の1柱である猿田毘古神《さるたひこのかみ》（猿田彦神）は、『古事記』の「天孫降臨」で、高天原から天降ってきた天照大御神《あまてらすおおみかみ》の孫神・邇邇芸命《ににぎのみこと》たち神々を、天《あめ》の八衢《やちまた》で待ち受け、葦原中つ国までの先導を務めた神である。『日本書紀』には、鼻の長さ7咫《あた》、背の長さ7尺余り、口尻は明るく輝き、目は八咫《やた》の鏡《かがみ》のように輝いているとその様に触れている。

今も神社の祭礼でおこなわれるお神輿《みこし》の渡御《とぎょ》で、鼻の大きな赤い顔をした猿田毘古神のお面をつけた先導役を目にしたことがあるかもしれない。

震災後、ガレキに埋もれ道がなくなった街で、一人境内のガレキを片づけながら、人探しに来た人たちを道案内していた大國宮司のもとには、ボランティアが一人二人と集まり始め、やがて彼らとともに、5月5日には例祭を執りおこなうこともできた。その後も、のべ2千人以上のボランティアが、この神社のガレキ撤去作業に集うようになっていった。

同じ石巻市の鹿島御児神社の窪木さん、南三陸町の工藤宮司、そして後述する金華山の奥海睦《おくみむつ》名誉宮司からも、「大國さんのところに行くといい」とご紹介をいただき、突然、取材に押しかけたにもかかわらず、大國宮司は、その翌日きちんと時間を設けて、プレハブの仮の社務所に招きいれてくださった。

石巻弁で話される温かい言葉に触れていると、聞いているこちらの心まで温まっていくような気がした。

地震さ来たら、おみょんつぁんに寄れ

地震発生時、石巻市内へ外出していた大國宮司は、急ぎ神社へと戻った。

「ここらの氏子は、地震があると寄ってきて、何もないとお茶を飲んでいくんです」

3月11日も大國宮司は、氏子さんたちのためにお茶の準備をしていた。その時だった。神社の神職・禰宜を務める大國宮司の娘さんが「波が来たー」と駆け込んできたという。慌てて神社横にある自宅の2階へと駆け上がった。娘さんと母親を先にあげて、最後に大國宮司が2階に上がった瞬間、津波の第1波が家のなかに入ってきた。間一髪だった。

伊去波夜和氣命神社拝殿

「最初の波の上を、また次の第2波が襲ってきたんです」

石巻湾沿いにあるこの地区は、住宅のほとんどが津波にのまれてしまった。

境内の松が、流されてきた家のガレキから拝殿など神社の建築物を守り、奇跡的に神社が流されることはなかった。だが神社横の自宅は、1階が冠水した。

「地震さ津波さあると、ここさ寄れ」

「津波さあると、おみょんつぁんにあがれ」

神社の建物の基礎の部分にまで津波がくると、この渡波地区が全部駄目になるという、先人たちの経験からくる教えだった。その言い伝えを知っている氏子や住民たち250人が、神社の拝殿のなか、廊下に避難し、一命を取りとめることができたのだ。

「この言い伝えを知っていて神社の拝殿

250人が避難し助かった伊去波夜和氣命神社の拝殿

に入った人は全員助かったの。言い伝えがいつから言われているかはわからないんです。文書に残っているわけでもないんですが、『ここまでは水は上がってこねえべ』と言われていました。それで今回も津波を見に行って、波にのまれてしまった人もいます。千年に一度のまさかの津波でしたからね」

これまで、ここまでは津波が上がってきたことはなかった。そのため、今回の津波でも、津波を見に行った人、地震から津波まで時間があったので家を片づけに戻った人、貴重品を取りに戻った人、家族を迎えに行った人、家でお茶を飲んでいた人たちが、津波の犠牲になられたのだ。

「境内だけでご遺体11体。神社から海側への道路で200名のご遺体が見つかりました」

境内で渦を巻いた津波　人の顔がセピア色に

津波が木や家、車をなぎ倒していく爆音が鳴り響いた。

「家の2階から見ているとね、この境内で津波が渦を巻いたんです」

南の石巻湾と東にある万石浦《まんごくうら》、さらに西側の3方向から津波が押し寄せて、ちょうど神社の境内で3つの津波がぶつかりあい、渦巻き状になった。

「神社には避難者が沢山おりました。今でも、その光景を覚えているんですけど、そのときね、線だけで描いた顔の輪郭のように、一人ひとりがセピア色に見えて、顔がはっきり見えなかったんですよ。またここでは、不思議なことに津波の引き波が起こりませんでした。だからご遺体もガレキも流されずに、すべてが境内に残ったんです」

何時間経過したのかさえわからない。ただ静かに水がどこかに滲みていくように水位が下がり、落ち着いていった。その頃には日も暮れて霙《みぞれ》が舞い始め、寒さが増していった。

「みんなが拝殿のなかから出てきました。寒さをしのぐために、ガレキを拾い境内の4カ所に火を焚き、周りを囲んで暖を取りみんなで一晩を過ごしました」

神社近くの小学校ではその火を見て、神社が火事になったと思ったという。

神社は、本殿が傾き、境内社が1メートルほどずれ、神輿堂も崩れる寸前になった。それでもなんとか持ちこたえている。だが社務所はすべて流された。

「残ったのは娘2人（禰宜と権禰宜）の普段着が少々。あとは一切、流されました。私のものは何もありません」

神社の境内で渦を巻いた津波

神社の拝殿に入り助かった氏子さんたちとともに、水も飲まず何も食べず、翌日の朝まで火を囲み暖を取った。そのなかに赤ん坊が一人いたという。ミルクを飲ませてやりたいが、水もなければお湯もない。

「赤ちゃんも、次の日まで何も飲まなかったんでねえかな。でもね、隣近所の人、みんなでその子を抱っこしてね」

流れついた冷蔵庫から食料を拾い、みんなでわけあって食べた。そして夜が明けてから避難所の小学校、保育所、公民館へと氏子さんたちは三々五々分かれていったという。

大國宮司は神社に残った。

「そのころ、人探しに来ている人が多かったね。ガレキで道がぜんぜん通れないから、それをかき分けていかなければいけない。だから『そこにいくなら、こういくといいよ』と、道案内をしていました」

猿田毘古神のごとく道案内をしながら、大國宮司はあることに気がついた。動物が山を歩くときの獣道と同じく、人も、誰か一人がガレキの山に一度足跡をつけ道ができると、他の人々もその道を歩いていくことに。

「人間の道というのか、獣道というんだかね。ガレキの上でもね、足跡つくとそこを歩く約束になっていったね。そこで、『こっち道あるから』とか教えてね。ガレキの上を歩くしかないんだから」

万石浦に映った「八咫《やた》の鏡」に涙し拝む

大國宮司には3人の娘さんがいる。

「中っ娘《なかこ》が嫁さ、行ってるもんだから、家族をみんな呼びに来て『うちに泊まれ』って」

被害の少なかった牡鹿半島の付け根にある次女の家に、家族で避難することになった。だが大國宮司は「お宮を守る」ために一人残り頑張った。それでも次女による強い説得に折れて、4日目には避難したという。

「老いては子に従えってこともあるからね。娘には弱いからね（笑）」

ちょうどその頃、第3章の鹿島御児神社の窪木さんが大國宮司を心配し、この地区を訪れた。なんとかガレキのなかをたどりついたものの、帰りに方向がわからなくなり迷ってしまったという。地元の人でも迷うほど、ガレキに埋めつ

「八咫の鏡」に涙し拝んだという大國龍笙宮司

くされ道なき道となっていたのだ。

万石浦湾沿いの次女の家に避難した翌朝のことだった。その家の窓からは、万石浦とその先の山が見渡せた。

「山から静かに朝日が昇ってきてね。万石浦の海面に太陽の光が映し出されて輝いたんです。その海面の真ん中が黒く光り輝き、私にはまるで、それが『八咫の鏡』のように見えました」

「八咫の鏡」とは、邇邇芸命《ににぎのみこと》が天孫降臨するときに、天照大御神から授けられた「三種の神器」の一つ。記紀神話では、天照大御神が岩戸隠れされたときに、石凝姥命《いしこりどめ》が作ったこの鏡に、天照大御神を映し出して、岩戸の外に引き出すことに成功。世のなかに光が戻ったといわれる。天照大御神が、天孫降臨する孫神・邇邇芸命に「この鏡を天照皇大神自身だと思い祀るように」と授けたもの。

差し昇る朝日の波光が万石浦に黒く輝いていく。海面に映し出されるあまりにも美しい光。大國宮司は神話に伝わる「鏡」のような太陽の光を目にし魅了された。大震災から4日目の早朝のことだった。

「その黒い〝鏡〟の周りは、真っ白に光り輝いていました。いやぁあれほど神々しく美しいものを私はこれまで見たことがありませんでした。人生で初めてです」

これまでの人生でも一度も目にしたことがない自然の美。朝日のけた外れの輝きに驚きと興奮が冷めやらない。

「あの太陽を見て思いました。太陽が海面や山の頂やなにかに映し出されたものを見て、古代の人は『八咫の鏡』と言ったのだろうかと。いやぁ、あれは凄かったー」と吐息をもらす。

「八咫の鏡は、光ってるんじゃないね、真っ黒なんだよ。そして周りがキラキラと光っているの。そんな〝八咫の鏡〟の太陽が、海から昇ってるんだもん。

きっとあの輝きを見たら誰でも感動する、否、感動じゃないな。感動を通り越して拝むと思うな、誰でも」

大國宮司は気がつくと、その「八咫の鏡」に向かい両手を合わせて静かに拝み涙していた。

多くの尊い命が奪われた大震災。その翌12日に昇った朝日が「異様なほど美しかった」という話は私も何度か耳にしていた。

自然の猛威と美。

「あの太陽を見たというのは幸せだー」

そして、こう続けた。「でもね、自然がだよ。あれだけ津波で荒れた自然が、美しすぎる輝きを見せる。そして再び元に戻ると静かな海ですからね」と。

「そう。自然は大きい。私たちは足もとにも及ばないのさ」

こんなこともあった。海沿いの土手に咲いていた桜の樹が、津波に流されて境内に流れついた。震災から約2カ月の後5月5日の祭りの日に、ガレキに埋もれていた桜から花が咲いたのだという。

「折れた木から桜がそのまま咲きました。根っこはありません。不思議でしょう?

それを自然と呼ぶのか、神と呼ぶのか……なんというか……感動しますよ。人間には絶対、作れねえもんな」と、首をかしげつつも唸った。

「うん、それがみんな神様ということなんでしょうけどね」

日本には八百万の神々がいる。森羅万象の働きすべてを「神」と、古代の人々は呼んでいたのだ。神とは「尋常《よのつね》ならずすぐれたる徳《こと》のありて、可畏《かしこ》きもの」と説いたのは本居宣長だ。日本の伝統・文化である神道の根本は、自然そのもののなかに潜む見えない力を、畏れ敬い崇め、自然とともに、祖先とともに、人々と共に生きる「共生」の道である。

神とは、この世界にあるすべての事、物の働きで、人間はその働きに聖なるものを感じ取り、名前を奉って祭るのである。

自然そのものが、神。

「根のない桜から花が咲いて、ボランティアの人たちもみんなびっくりしていたよ」

海と共に生きること　神様への文句はない

一人ひとりの行動は、考えてしようと意図してできるものではあるまい。

大災難や、人生の危機に遭遇したとき、普段は意識していないことが顕になるのではないかと、大國宮司に問うてみた。

「その通り、東北人には騒ぎはなかったね。私は牡鹿半島にご鎮座する13の神社をお祀りしているけれども、ここだけでいうと、それはね、『あたり前』なんですよ」

あの大地震と津波が来ても「あたり前ですか?」と驚く私に、大國宮司は優しくその理由を説いてくれた。

このあたりの人たちは、先祖代々みんな海にかかわって生活をしており、何かしらの恩恵を自然や海から受けて暮らしている。

「自分で魚を獲らなくても、加工屋に勤め生計をたてている。海で釣りもできる。美味しい魚を普段から食べることもできる。それは全部、海のおかげです。

けれども、人間から海へのお礼というのはないんだよね。

海よ、ありがとう……その感謝の思いを伝える場所がないから、古代の人たちは、その代替として、感謝の気持ちの発露としての神社を建てて、『ありがとうございます』と、祭りをおこなってきたんです。それが本来の神社じゃないかと、元々の古代の神社はそうじゃないかと、私は思うんですよね」


大國宮司のお話を聞いていて、私は「神の恵みと祖先の恩とに感謝し、明き清きまことを以て祭祀にいそしむこと」という、「敬神生活の綱領」の言葉を思い出していた。

神道は「つながり」の信仰と呼ばれている。すべてのものを、自分と対立するものとみなさず、お互いを生かし合い、伸ばし合い、分け合い、すべてはつながりを持つ存在だとして、お互いに寄り添い合い生きているということを受け入れる。

「おたがいさま」「おかげさま」という感謝の心が、その土台にはあるのだ。

「あたり前」として自然の力を受けとる

海とともに生きてきたからこそ、地震へも津波へも恨みはないのだと、大國宮司。

「自然の神様がやったことだから、神様への文句というのはぜんぜんないさ。

神道の神社は、自然の働きを神様と呼んでいます。今回の震災でも暴動が起きなかったのは、自然のすることを『あたり前』と、受け取ることができたからだと思うんです。だって、普段生活していてもそうでしょう？　日本全国、いろいろなことがあるよね。全国で台風が来る場所もたくさんある。それがわかっていても、そこに住んでいるでしょう？　それはね、自然の猛威さえも『あたり前』なんですよ。

逆に言うと、自然と共に生きるという神道の思想観がなければ、暴動は起きていたかもしれないね。神様に文句はないさ。自然の力をあたり前として受け取ることができるのが、神道観だと思うし、日本人の特性かもしれないね。

だから今回のことでも、この辺りでは、『壊れた』『大きかったな』とはいうけれど、『津波はひどかった』『地震はひどかった』という文句はぜんぜん出てないのね。

『しょうがない』と。これはね、あきらめというのとも違うんです。ただしょうがないんだね。だって、かかわりようがないし、誰の責任でもない」

唯一、文句が出るのは、政府や行政に対してだ。

「後の片づけが悪いとね」と苦笑いする。

「地震、津波の被害に関して、ここでは一切文句は出ていないし、私も聞いていない」ときっぱりと告げる。

ありがとう、という海への感謝の気持ちが祈りの原点にある。海に感謝を直接言うことがなく、神様に『ありがとう』と言える場所を作ったのが、神社ではないかと語る、大國宮司。

「きっと古来の人たちにとって、感謝の気持ちを伝えるのに、山でも海でも人でも、その対象はなんでもよかったんだろうね。『ありがとう』というのは、相手が人間だと恥ずかしいもんです。子どもや女房を怒り、はたいてしまってね。あとで謝ることができないときもあるべさ（笑）。でも後で、『神様、ごめんなさい』と、陰で言ったりしてね」

先人たちは、感謝する対象を神として奉り、自らの人生を謳歌し、泣き笑い、感動し助け合って生きてきた。

「他の国だと、いろいろな宗教が入っていくときに、その国や前の文明に元々あったものが無くなったりした歴史があるでしょう？ 遺跡だけは残っているけど、元もとあったものは無くなってしまっている。他の宗教だったら全部潰れているんだよね。でも日本は遺跡じゃないんだもの。どういうものが入ってきても神道は残ってる。これはね、なんて言うんだい？ 他にこんな宗教ってあるんすかや？」

人懐っこい笑顔と石巻弁でこちらに問いかけてくる。

「日本人は、脅威として感じているものや、人間を超越したものに、神を感じているんです。西洋の一神教のように神が罰を与えるというのは日本にはないからね。罪はあっても罰はありません。罰は、相手を痛めたりするけれど、罪は、『あなたはこういうことをした』と考えさせること。その差もおもしろいですね」

神道観とは、難しく考えることではない。自分の目で見たもの、肌で感じたもの、五感で、感性でとらえたもの、そのままなのだ。そこで受け取ったものが「神様」なのだと大國宮司。

千年反省すればいいっさ

「こういう大変なことがあっても、だってしょうがないもの。悩むこともないしさ。だって自分たちが拝んでいる自然という神様が、たまたま頬をはったけて、『しっかりしろよ』と、ゴツンと拳固したんだべさ（笑）」と笑顔で、大國宮司はこう続けた。

「これから千年、反省すればいいっさ」と。

千年反省？ おおらかなスケールの大きな発想に私がきょとんとすると、大國宮司は「ここらの人は、あんがい明るいよ」と。そして頷きながら自分に言い聞かせるかのようにこう続けた。

「立ち直りも早いかもしれない」

とはいえ、どこの仮設住宅に入っているのか不明の総代さんたちもいた。宮司は仮設住宅を歩き回り、神社の役員をしている人たちの行方を探しあてたという。

この神社の役員さんたちは、ご自身も被災されているにもかかわらず、「神社を修復するのに寄附をしていい」と言う方も多いそうだ。

この嬉しい申し出を受けて、大國宮司は氏子さんや役員の方々に、「待ってほしい」と伝えた。

「神社に対して一生懸命な気持ちを持っていてくれて嬉しいですよ。ありがたい。でも神社の予算でやれるだけはやってみようと思うんです」

ボランティアの人からは、インターネットでの寄附というアイデアも出されたが、それはまだ考えていないという。ネットで集めた寄附で神社を修復した場合、氏子さんや地元の人がどう感じるだろうかということも考慮した上での決断だった。

「自立する心は持っていないとね」

食料や資材を配布していたからこそ、「もらい癖はよくない」と身をもって感じたという。

「良識ある人たちは、資材を貰うことも拒否し始めています。みんなで分け合えればいいけれども、一人で何度も物資を貰いにいって集めている人もいる。〝なんでも貰うのは当然〟というのは違うと思う。でもそうしている人に対して文句を言う人もいませんね」

「出てきて良がった」が最大のお悔やみ

大國宮司から発せられる言葉や思いには、すべての悲惨さも、壮絶さをものみ込み受け入れた人が持つ、「しょうがない」という強さがある。自然は変化していく。「変化」を受け入れることができる強さと心のしなやかさ。

だが、この渡波地区は被害が大きかったことも忘れてはいけない。家族を亡くされた人たち、家を流された人たち、震災で仕事を失った人たち。復興への道はまだまだ遠いのだ。だからこそ、氏子さんになるだけ負担をかけず、「自立する心」を持っていたいと思うのではないだろうか。その強くしなやかな心はどうしたら養われるのだろうか。

「ここは津波の引き波がなかったのと、気候も寒かったことから、遺体が損傷せずにそのまま出てきました。ここらは、ご遺体が出てきたら『良がったね、出てきたから良かったね』と言うんだよ。ふつうは、ご遺体が出てきたら悲しいでしょう? でもね、ご遺体が見つかっただけでいいんだもの」

今となれば、それが「最大のお悔やみの言葉」だったと振り返る。

「神社の境内前でも、近所の幼稚園と小学校のお子さんが出てきたんです。ミルク飲み人形のように黒い瞳がキラっと光ってね。その子どもさんの着ていたものとかは境内に流れつきました。家族や子どもを探すのに、みんなね、ガレキのなかを、自分の体が逆さになるほど下を向いて探してましたよ」

今も、大國宮司は亡くなられた方々の御霊に鎮魂の祈りを捧げている。

食料を取りまとめて配布

娘さんの家に避難してからも、毎朝、ガレキの道なき道を越えて、水に濡れながら、2キロメートルの距離を歩いて、大國宮司は神社まで通いつめた。

震災直後、食料の配給は家族10人に対して、おにぎり2個・ジュース1個・缶詰1個。これが1日分だった。被害が甚大で支援物資もなかなか届かず、どこからも食料が入らないなか、スーパーにあった在庫や自衛隊の配る缶詰でしのいでいた。

「ここらの人がお弁当を貰いにいき、2～3時間並んでも、それだけしか貰えないさ」

何か手立てがないかと考えた末、大國宮司は役所に相談。すると、「取りまとめしたらいいよ」と言われ、近所の氏子さんたちも賛成してくれた。

「『なら、やっぺ』と。神社というよりも大國個人で、ここで食料を貰うようになり、弁当や食料を配りました」

昨年の10月20日までお弁当をずっと配布したという。他にも、すでに物資の支援が終わっているなか、大國宮司は氏子さんやボランティアの冬支度のために暖房器具を貰えるように手配していた。

「水も火も電気もなかったからね。今も電気があるのはこのあたりまでで、分かれ道から向こうの海側には電気は通っていないからね。神社の電気は通っているけど、夜になるとこの辺はまだ真っ暗です」

神社が地区の中心となり、食料の配布・情報の発信をおこなった。そして氏子さんや近所の方の暮らしが少しでもよくなり安心して暮らせるように、今も大國宮司は奮闘している。

「昔からこの土地にずっとご鎮座してきたこの神社が津波にも流されなかったこと、また宮司を務める私がずっと神社にいたことで、『あそこに神社があるから』と、近所の人たちも家や店、工場をなおして、もうすぐ戻ることになったし。少しずつですが人が戻りつつあります」

米一粒、水、電気のありがたさ

「今回は、忘れていたものが全部思い出されたっちゃぁ。だって米一粒がこれほど美味しいってこと。腹があれほど減った、喉乾いたことも、今までの生活のなかで忘れてきていた」

65歳の大國宮司が子どものころは、そういう生活をしていたという。

「小さいころは裸電球です。神主も昔は食べられませんでしたよ。親父の跡を継いで神主をしてきましたが、昔はやはり、物もなく、すごい暮らしでしたよ」

風呂はもらい風呂。弁当のおかずは梅干しか味噌だけ。それでも良かったのだ。

「お弁当を持っていけない人もいる時代。味噌と梅干しだけでも美味しかった。そういう質素な生活をすっかり忘れていたでしょう。それが今回の経験で、米のありがたさ、水の大切さ、電気の温かさを覚えたんでねえかな」

今の子どもたちが大きくなり、この経験を思い出すだけでも、「いい経験をしたのかもしれない」と語る大國宮司にも、小学5年生のお孫さんがいる。

「私らのときも、親が食料を出してくれたから困らなかったけど、孫も大人になったときに思い出すと思うよ。それが大切なことかもしれないね」

何日間も水や食料がない。配布があっても人数分にはまったく足りない。そんな経験をしても、「ひもじいことはなかった」と。

「腹減った、喉が渇いたという感覚もなかったからね。地震と津波で、一瞬で圧倒されてしまったわけでしょう。そして何もなくなったわけだから。だから考えることもないのね。『大変だ、困った、どうすっぺ』ということもないの。一瞬だから、何もないの」

まさしく「無の状態」だ。神社のものも自分のものも全ての「物」がないと、何もない。「無」だからこそ、何かを要求するということもなかったそうだ。

「私は家族が揃っているからいい。十分だ。震災後すぐは食事も苦にならなかった」

ある日、境内で「なして神社は流されなかったの?」と、人に問われた大國宮司。

「ふと聞かれてとっさに、『いやぁ神様だからさ』って言ったのさ。あとから思ったのは、拝殿に250人が入ったから重くなったのかなって(笑)。単純な答えかもしれないけれど、やっぱり『神様だからじゃない』」と結論に達し、質問した人と笑いあったという。

5月5日の祭りで子どもたちが笑顔に

重機も入れなかった渡波地区に、最初に入って来たのは自衛隊だった。生存者の捜索をおこない、その後ずっと滞在し、ガレキのなかの遺体収容が続いた。

伊去波夜和氣命神社はもともと4月10日の例祭を、近年は毎年5月5日に斎行していた。大國宮司は、「将来、お祭りの日を戻したい」という思いから毎年4月10日に「縁日祭」をおこない、総代会を開いていた。

だが震災で氏子も総代会もみんな避難して人がいない。それでも大國宮司は、毎日、娘さんの家から通い、境内の片づけを一人で黙々とおこなっていた。

4月10日の縁日祭、せめてものという思いで「鯉のぼり」をあげた。それを見たボランティアの人から、「何をしているんですか?」と尋ねられた。

「お祭りの準備をしながら、片づけをしている」と答えると、その人たちが手伝いを始めてくれた。

いちばん最初に、神戸の市役所からボランティアが来てくれた。

「それから5月4日まで、神社の近辺を徹底して片づけてくれたんです」

ボランティアの輪が大きく広がっていった。境内の井戸からは水も出るようになった。「水を使わせてもらって、石段を洗わせてもらっていいですか?」というボランティアがいた。話をするとその人は、キリスト教の牧師さんだということがわかった。

「そう、牧師さんが神社の石段を洗ってくれているの。普段はないけれど、なんでもありですからね(笑)。いろんな人が来るけれど、『最低限、神様に失礼にならないようにして。あとは自分たちの好きなようにやりなさい』と。だから動きやすかったんじゃないかな。みんなが夕方帰った後に、私が見ればいいんだからね」

　神社仲間も、プレハブハウスや、神職の装束を持ってきてくれた。プレハブハウスは今、社務所となっている。

　大震災からまだ2カ月もたたない5月5日、「祭りで復活！　石巻」が盛大に執りおこなわれた。

　祭りが無事にできるかどうか、きっと内心は不安だっただろう。
「祭りはやる」と、強い信念を持つ大國宮司に、総代さん、氏子さん、区長さん、神輿会の方々、女性の神職さんたち、お祭りのボランティアたちが協力するために集った。その数、600人にも上る。
　5月の晴れわたる空の下、境内は大勢の人で溢れかえる賑わいを見せ、神事も無事に斎行された。境内には20以上の〝店〟が立ち並んだ。子どもたちが喜ぶようにと、輪投げや子どもが焼く鯛焼き屋も出た。青空整体、美容院、石狩鍋、やきとり、レゲエバンド、パフォーマンスとすべて無料で、地元の人を盛り上げようと手作りの温かな祭りが開催された。
「ほかの神社の女性の神職さんたちも、饅頭と豚汁を出してくれました。このあたりでは、昔から『祭りには赤飯とくずかけ（汁物）』というんですが、娘たちもそれを出して」

地元の人々が一日も早く戻ってこられるように。子どもたちが笑顔で暮らせるように。亡くなられた方への鎮魂を込めて、大國宮司は神事を執りおこない、祝詞を奏上し祈りを捧げた。

バラバラになった氏子たちも祭当日は神社に駆けつけ、地域のつながりが戻ったことを喜んでいたという。

日本の伝統的な地域のつながりの中心に神社がある、ということを氏子さん、そして手助けしたボランティアたちが一つにつながり、「和」を感じることのできる祭りとなった。

2千人のボランティア

5月の祭りまでで600人。その後、1500人までは、大國宮司もボランティアの人を数えていたという。そしてのべ2千人はすでに超えている。

大國宮司は津波にも流されずに残っていたお守りを、ボランティアに来た人たちに手渡している。取材日も、別の場所へと移動するボランティアの男性2人が挨拶に訪れた。大國宮司は2人にお守りを手渡し「気をつけてね。名前書いていってね」と、熱く抱き合った。

神社の拝殿には、大國宮司が作ったボランティアの人たちの額がある。ボランティアの人たちにどれほど助けられたか……古代の人々が海へ感謝の祈りを捧げるためにお社を作ったように、大國宮司は、その感謝の想いを表すためにその額を作ったように感じた。

多くのボランティアたちは、石巻市のボランティア基地に宿泊している。大國宮司は常駐しているボランティアのために、神社近くの住宅で、2階部分に被害のなかった家も手配している。

神主もボランティアも同じ「奉仕人」

今回の経験を通して、ボランティアの人たちへの意識が変わったという。

「ボランティアというより、これは日本語で言う『奉仕』なんだべな。神主だって、仕事とは言わないです。奉仕と言うよね。ボランティアの人も、同じ奉仕人だから、すぐに理解できるんじゃないかな」

ただ違いもあるという。

大國龍笙宮司とボランティア

「逆に翻訳してみると、奉仕はボランティアという意味でもないんだね。奉仕はまず隣の人へ奉仕するんです。そしてその隣の人へ、さらに隣の人へと、絆がつながっていきます。水を一滴垂らすと、輪が次から次へと広がっていく。これが日本の奉仕ということ。今のボランティアは、個人的に自分の感覚で被災地へと飛んでいく。そういう違いはありますが、やることは同じだけれどね（笑）」

ボランティアの人たちに教えられたことも多いという。

「以前は、ボランティアの人が来てくれたら、次は俺たちもいかなきゃいけない、行ってお返しをしなければいけないという感覚でした。でもそれは違うということに気がつきました。『行くべ』『行くべっちゃ』と、積極的に『行こう』という自発的な思いなんだね。『行かなきゃ』という強制じゃないんですよ。そういう違いに、私自身も変わってきたの。不思議だね。これもボランティアの人のおかげなのかな。おがげさま、そしてありがとう」

ボランティアとの出会いで、大國宮司の心にも変化が起きていた。同時に湧きあがった感謝の強い思い。

ありがたい、それ以上っちゃー

2千人を超すボランティアの一人ひとりへ向けて、感謝の思いをこめて。「ありがたいことですね」というと、大國宮司は嬉しそうにこういった。

「ありがたい、どころじゃないっちゃ〜。それ以上ですよ」

その思いを形にするため、何もなくなったなか、手に入れたペンと画用紙にメッセージをしたためた。

来石災害支援のみなさん

〝ありがとうございます〟

私達には返す物はありません。

〝もし〟返す物があれば

この言葉だけです。

『ありがとう』

大國宮司の掲げた看板を見て、思わず私は拍手をしていた。すべて流されたなかで、懸命に集めた画用紙とサインペンで、何より最初に作ったのが、この感謝の看板だった。その大國宮司の思いに感動したのだ。

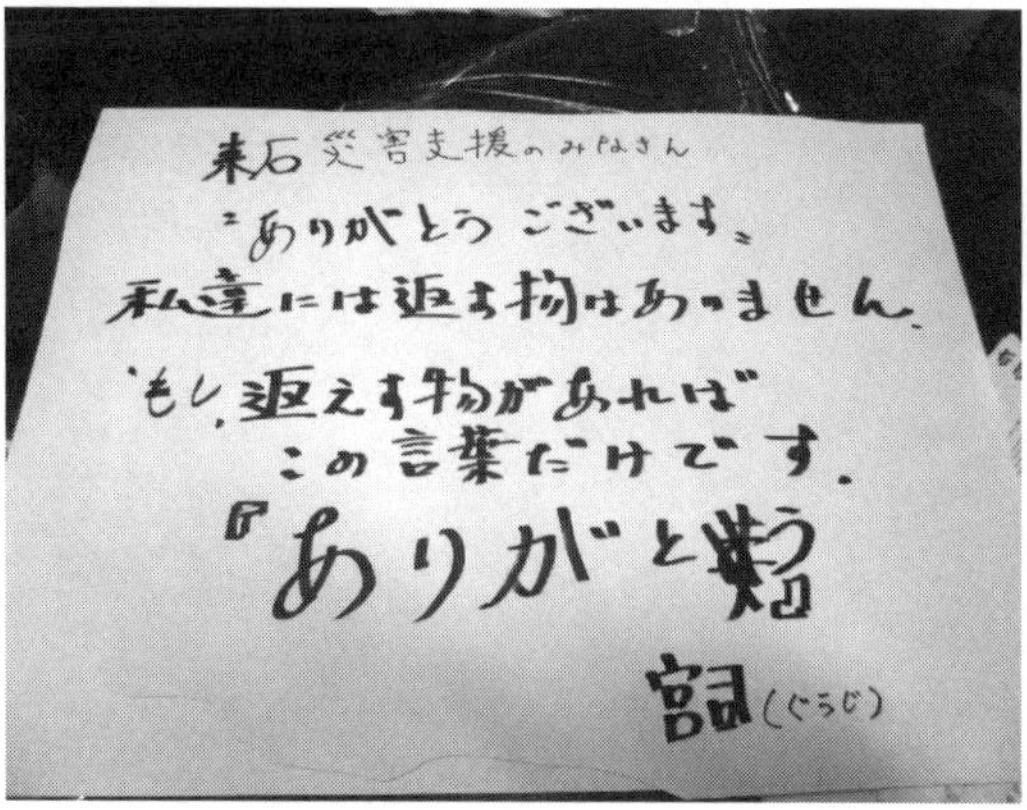

津波ですべて流されたなか、手に入れたペンと画用紙で最初に書いた感謝のメッセージ

現在掲げられているメッセージ

神道の心の在り方を示す「清明心」という言葉は「浄く明く正しく直きまことのこころ」という意味で、自然の美しさに、この清明を感じ、人間も自然の一部であろうとする心をさす。どれほど自然が猛威をふるっても、それでも感謝の気持ちを持つことができる心。それは自然と共に長い間暮らしてきた人だからこそ持ち得る強さであり、まさしくしなやかさであり、浄く明き心なのではないだろうか。

被災地の神社を突然訪れた私にも、「同じ仲間だから。神主は引っ込み思案が多いから、津波や震災の企画で、なんぼでもみなさんに知らせてもらわないとね」と温かく受け入れてくれた大國宮司。ボランティアの人が集い、また別の神社の方々が「大國宮司に会っておいで」と仰った意味がわかった気がした。

宮司と最初に交わした言葉は、「金華山のお母さん、元気だった？」と、人を思いやる言葉。「お元

宮司の大國龍笙さん

気でした」と伝えると、「よがった、よがった、それはよがったな」と、笑みを浮かべられた。そして他の神社の方々のことも気にかけておられた。海や自然への畏敬の念、ボランティアの人たちへの感謝の想い、氏子さんたちへの心配り、そして亡くなられた御霊への鎮魂。天地自然に生命があり、国土にも生命があり、そして人にも生命がある。そして、すべてのものはつながっている、ということを身にしみて感じさせていただいた。私のほうこそ、ありがとうございました。

新年を迎えた1月、フランス国民の寄附で、甚大な被害を受けたこの地区に、コミュニティ施設が寄贈されることになり、同月11日、伊去波夜和氣命神社で大國宮司が斎主を務め、施工着工にかかる安全祈願祭が執りおこなわれた。

復興への長い道のりも、一歩一歩、「千年反省すればいいちゃあ」と笑いながら、歩いていかれるだろう。

伊去波夜和氣命《いこはやわきみこと》神社

ご祭神　猿田彦命《さるたひこのかみ》　武甕槌命《たけみかづちのかみ》　天照皇大神《あまてらすおおみかみ》

倉稲魂命《うかのみたまのかみ》　経津主神《ふつぬしのかみ》

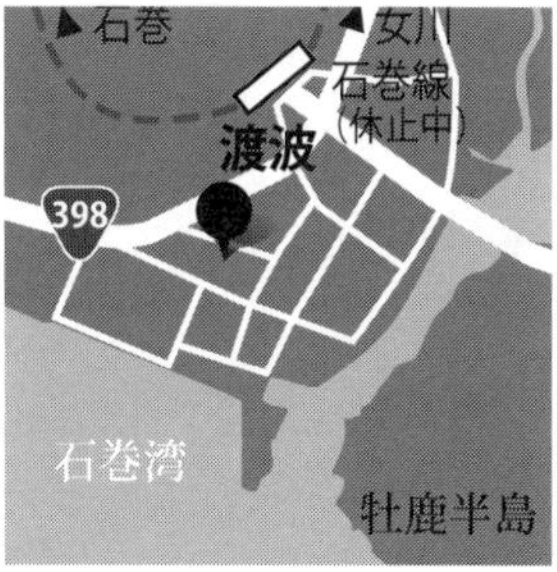

所在地：宮城県石巻市大宮町 5 - 45

第5章

金華山黄金山神社

（宮城県石巻市鮎川浜）

名誉宮司　奥海睦《おくみむつ》さん

宮司夫人　奥海幸代《さちよ》さん

（奥海聖《あきら》宮司）

女性神職として50年。

私たちは自然の掌で生かされているんです。

明治天皇御製

おほぞらにそびえて見ゆるたかねにも登ればのぼる道はありけり

女性神職の先駆けとして約50年

太平洋に浮かぶ石巻市の離島・金華山は、恐山・出羽三山と共に「奥州三霊場」として名高い。島全体が聖地の金華山にご鎮座する金華山黄金山神社。

83歳になられる同神社の奥海睦《おくみむつ》名誉宮司（以下、睦名誉宮司）は、戦後の女性神職の草分け的存在で、全国に先駆けて設立された「宮城県婦人神職協議会」会長を長年務められ、現在は顧問をされている。1997年（平成9年）には、神職として最高の身分である「特級」を、女性として初めて授与されている方だ。

陸前高田市、南三陸町、そして石巻市から次に向かったのが、仙台市内だった。奥海聖《あきら》宮司、幸代《さちよ》宮司夫人（以下、幸代夫人）、睦名誉宮司が、金華山から仙台市内のご自宅に避難されていると聞いてお伺いした。奥海宮司は金華山に渡り、復旧作業のためご不在だったが、睦名誉宮司と幸代夫人にお話を聞かせていただいた。

「私は昭和26年に、奥海家に嫁いできましたが、夫が昭和32年に36歳という若さで亡くなり、神社を守らなければならなくなりました。そしてその年、神職資格を取るために、國學院大學に入学しました」

睦名誉宮司のご主人は、東北大学を出て石巻市の女子高の教師を務めた後、同神社の神職を継がれたが数年で帰幽された。神社の人たちに説得されて、睦名誉宮司は幼い子ども2人を実家に預けて単身上京し、神職資格を取るために勉学に励んだ。当時、大学でも神職課程の女性受講者はたった2人だけ。1959年（昭和34年）には卒業し神職になったが、資格を取得したのは1966年（昭和41年）だった。

「当時は女性の神職さんが、ほとんどおりませんでしたから、資格を取るまでに時間がかかりましたね。その時の塩竈神社の宮司さんが、『これからは女性の神主も増えてくるから』と、背中を押してくれたのをきっかけに婦人神職の会を結成し、今年は50年目にあたります」

当時はまだ珍しい女性の神職として注目を集め、取材も殺到し、時の人となった。

そんな睦名誉宮司を自分の人生の目標と

奥海睦名誉宮司（左）と幸代宮司夫人（右）

して、金華山黄金山神社に参拝する人も多かった。その後、時代は流れて全国に女性の神職の輪は広がっていくが、女性の神職への風あたりも強い時代だったという。

「その頃は明治生まれや大正生まれのベテランの神職さんが多くてね。よく嫌味も言われたし、ケンカもしましたよ」と笑いながらも、「みんな気骨があり精神が強かったからね、こういう震災があると、彼らがいたらどんなにいいだろうと思いました」と懐かしむ。その後、睦名誉宮司は、300人が収容できる参集殿と神職の男女それぞれの寮も建て、神社には年間6〜7万人もの参拝者が訪れるようになった。

「今回の震災でも昔の明治の建物は、壁は崩れているけれど大丈夫でしたが、最近の建物はダメなんですね。参集殿と大浴場を建てて40年ですが、やはり壊れてしまいましたね」

津波の予兆はあった

「今から思うと、近年は地震も多く、去年のお正月には高潮が出て桟橋が波に洗われ、船が接岸できませんでした。それでも参拝する方のために、なんとか船を岸に寄せてもらい、無事に本島に帰っていただいたんです。

防災訓練をした翌日の3月9日にはマグニチュード7の地震があり、神様からのお知らせが何度もあったような気がしてなりませんね。地震はしょっちゅうあったけれど、津波はわからなかった。予兆がもっとわかればよかったんだけど……」

睦名誉宮司がそう呟くと、隣で「人間がなんでもできると傲慢になっていたから、天罰がくだったのかもしれませんね」と幸代夫人も相槌をうつ。

3人だけで島に残る

3月11日午後2時46分。大震災の震源にいちばん近い金華山では、「日本三大灯籠」の一つ、高さ5メートルの青銅製の常夜燈2基が折れ、大きな石の鳥居も倒壊した。島に上る唯一の桟橋も冠水し、売店は鉄骨部分だけを残し流出。桟橋から神社への坂道も崖崩れが発生し、奥海宮司夫妻、睦名誉宮司をはじめ神職さんや巫女さん、工事関係者、参拝客他計41人が島で孤立した。

「高台の神社にいたので、津波は見えませんでしたが、空気の振動が違いました。家の前は車一台が通れるほどの道幅で、その先が崖です。その崖を大小の岩が、まるで誰かが投げているのかと思うほどゴロゴロと落ちていくんです。あちこちで灯籠が倒れる音、山の木がなぎ倒される音がして、空気も土埃臭くて黄土色で異様でした」と幸代夫人。

石巻市へ出かけていた奥海宮司は、偶然にも震災発生のわずか10分前に、外出先から島の神社に戻ってきていた。

桟橋では、午後3時発の鮎川へ向かう最終便の出航の準備中だった。地震後、潮の流れがおかしいのに気づいた船は、すでに乗船していた人だけですぐに出航。残された人たちには、高台の神社に避難するよう指示が出された。

ところが参道はがけ崩れでマイクロバスも通れない。幸い参拝の人たちは、山歩きサークルの人たちで足腰も強かった。なんとか土砂をかき分けて神社まで駆けのぼり、無事だった。

翌12日、津波の難を逃れた船が、ガレキや流木漂う海を、金華山に残った乗客を迎えに来て、参拝者たちは鮎川の港まで戻ることができた。

海が2つに割れた

50年近く神社で奉仕している間にも、チリ地震津波、宮城県沖地震も体験してきたという睦名誉宮司。

「昭和35年のチリ地震津波のときは影響はなく、津波の水が引いて桟橋の杭についている鮑をおもしろがって、みんなで獲りにいったものでしたよ。昭和53年の宮城県沖地震でも建物は壊れたんですが、津波は来ませんでした。今回はね、海が二つに割れたそうです」

3月11日、島に残った参拝者が山に駆け上がった時、海が割れるのを目撃した。

「鹿山公園というところに駆け上がったときに、南北に海が割れて、大きな引き潮を目にしたそうですよ。牡鹿半島と金華山の島の間の海底が露出したそうです」

『旧約聖書』に書かれている、「モーゼの紅海渡渉」（出エジプト記14章）そのものの光景だったという。

「きっと、かの地にも昔、大津波がありその伝承が反映されているんでしょうね」

名誉宮司は、聖書の一節を紹介してくれた。

《そのとき、ユダヤにいる人々は山に逃げよ。屋上にいるものは、家からものを取り出そうとして下におりるな。畑にいるものは、上着を取りにあとへもどるな》（マタイ伝24章16‐18節）

「これは津波のことを記した文章だと思います。今回の津波でも、一旦高台に逃れながらも、物を取りに行って亡くなられた方が大勢いると聞きます。聖書の一節がとてもリアルに迫ってきます。宗教は違っていても、やはり先人からの古い言い伝えはおろそかにしてはいけませんね。つくづく自然の強さを思い知るに至った」と静かに呟いた。

3月14日には自衛隊の救援により、神職さんたち職員が離島し帰宅した。

「『島に残る』と言ってくれる人たちもいましたが、宮司が、『帰りなさい』と言い聞かせました。それで職員さんたちも家族の元へ帰っていきました」と幸代夫人。

神社を守るために宮司夫妻と睦名誉宮司の3人だけが島に残った。電気も通信も途絶えていたが島を出るつもりはまったくなかった。

「電線、電話ケーブルも切断されて、文字通り、金華山は連絡不能の孤島と化してしまい、みなさまにご心配をおかけしました」（睦名誉宮司）

幸代夫人によると、「それでも私たちは、ずっと島にいるつもりでしたね。食材のストックはまだありましたから、細々と食べつないでいました。発電機の燃料のガソリンは10日分しかなく心細かったですが、『3人だけなら、1カ月はなんとか凌げるね』と話していたんです」。

職員が置いていったカーナビをテレビ代わりにして、ニュースの時間だけ情報収集した。あとは島に上陸する自衛隊員から聞く情報のみ。

「『鮎川はどんな感じですか？　仙台は？』と聞いても、『いや、もうひどいです』と。ラジオからも『牡鹿半島の各浜に100人ぐらいの遺体が』と聞いたときには、この地域はダメなんだなと思いました」（幸代夫人）

「それでも毎日、お宮では国旗掲揚していましたよね。ヘリコプターが飛んでくると外に出て手を振るんです」（睦名誉宮司）

「すると空からスルスルと降りてきてパンをひと箱置いていってくれたり」（幸代夫人）

島に物資を輸送していた自衛隊員たちは、全員で本殿に向かって整列し、二礼二拍手一礼の参拝をしていった。

水産庁のある人は、「入庁して船乗りになり、初めて来たのが金華山でした。この島に仲間と下船して、花見をしたこともあります。どうか頑張ってください」と、涙を流さんばかりに頭を垂れると、折れた鳥居の前に立って参拝した。

「有難いと思いましたね」と幸代夫人が言うと、「その人が自分の胸元からホカロンを出して、手渡してくれたね」と、睦名誉宮司。

「そうなんです。自分がしていた軍手も取り、『冷たいでしょうから』と、くださったんですよ。『これはガソリンにも強い軍手です』と、ガソリンも置いていってくれて……有難かったですね」

神職さんたちの働きかけ

震災後の2週間、3人は島で過ごしていたが不自由はなかったと、幸代夫人。

「辛さは感じていませんでした。明治末期の建物も、壁は落ちましたが壊れていません。備蓄の石油でストーブもつけましたし、食料もなんとか3人分ありました。沢に下りれば水も汲める。お風呂が入れないぐらいで、そんなことは全然大変だとは思いません。私たちは自分の家の布団で寝ることもできていましたから。

腰まで津波の水に浸かって低体温症になった方や、必死の思いで避難所にたどりついた方、避難所での暮らしはもっと大変なはずです。そういう方のことを思えば、私たちは恵まれていたと思います」

倒壊した石鳥居

そんな3人を心配した人たちがいる。神社に奉職している神職さんたちだ。

「いちばん心配してくれたのが、職員たちだったんです」

『古事記』の「天の岩戸」神話。天照大御神が、天岩戸にお隠れになり世界は真っ暗になってしまう。そこで神々たちは天の安河原に集まり、みんなで会議を開き知恵を出し合う。

金華山から自宅に戻った神職さんたちは、自主的に連絡を取り合って集合し、島に残った3人と神社を守るために、今後どうしたらいいいか、何度も話し合いを重ねていた。

「私たちがまったく知らないところで3人を心配してくれて。自衛隊に支援要請をしたり、新聞社に電話をしていたらしいんです。それを聞いたときには、『この子たちが、うちの子で本当に良かった』と、感謝の思いだけでしたね。いちばん有難かったです」と、幸代夫人が目を潤ませた。

携帯もつながらない島に残った3人を心配し、「睦名誉宮司が高齢で持病がある」と自衛隊に伝えれば動いてくれるのではないかなど、さまざまな案を出し合った。

神職さん以外にも全国には3人のことを気にかけている人たちがいた。インターネットに、金華山の3人に大変世話になったという人から「金華山の黄金山神社の地震被害の状況を知っている方がいたら教えてください。連絡が取れず、心配しています」という、3人の安否を気遣う書き込みがあったのだ。

「ネットで『宮司の所在を知りたい』と問い合わせがあり、『島にいます。無事です』というやりとりがあったそうです。世間では、『ああ、金華山で3人は何とか生きているらしい』という話になっていたと後から聞きまして。こうやって私たちみたいなものを、お心にかけてくださる方がいるんだなと、人の心の温かさを感じました」（幸代夫人）

断腸の思いで島を離れる

陸・海・空のそれぞれの自衛隊が島に物資を置いていってくれた。

仙台市の陸上自衛隊霞目《かすみのめ》駐屯地の広報担当者が来て、「これから先は、避難所にいる方たちの支援が中心になるので、避難所に移りませんか？」という申し出があった。

幸代夫人が当時を振り返りながら語る。

「私たち3人は、まだひと月は凌げると思っていました。でも、自衛隊の方ははっきりとは仰いませんでしたが、宮司も『これは事実上の退去命令だな』と。3人のためにヘリを飛ばしての食料支援は、行政の迷惑にもなります。

思いあぐねた末、ようやく私たち3人も島を出る決意をしました。宮司も自分の代にお宮を留守にするということで、それはもう、断腸の思いでした」

「後日連絡します」と言った広報担当者からは、その後連絡がなかった。3月25日の午前中に別の部隊が現れて、「島を出なくていいのですか？」と再度問いかけられた。

「自衛隊の霞目駐屯地の方に、『ここを出ます』と伝えてから連絡待ちです」と答えると、すぐに手配がなされその日の午後、3人は用意されたヘリコプターで島を離れた。

宮司が最も大切に手にしていたのは、神社の御扉の御鍵だった。

仙台市内の状況もつかめないなか、最低限度の荷物でヘリコプターに乗った。自衛隊員が、高齢の睦名誉宮司の手を引いた。

「ええ、私の手を引いてくれた人は帯広から来ていた人でした。『帯広にも金華山の熱心な崇敬者さんがいるのよ』と話したら、喜んでくれましたよ」（睦名誉宮司）

金華山から霞目まで、通常でも車で2時間を要する。ヘリコプターならゆっくり飛んでも20分だった。

「飛んでいる時に、揺れると怖いかなと心配しましたが、全然揺れなかった。暖房もきいているし、ホッとしました。霞目駐屯地に着くと、私たちのためにストーブを焚いてくれて。部屋も暖かいし、トイレを借りたら水道からはお湯も出るし、驚きましたよ」と、睦名誉宮司も安堵したとのことだった。

2班に分かれて島へ

仙台市内の自宅は壁に損傷などはあるが、なんとか無事だった。神職さんたちも全員無事だった。4月、神職さんたちが仙台市内の自宅に集合し、そこを社務所代わりにして会議を重ねていった。そしてお宮を守るため、2班に分かれ10日交代で電気・電話も不通の孤立した島へ渡ることを取り決めた。

だが肝心の船がない。海底はまだガレキにまみれている。地盤沈下により、船の桟橋も満潮時には水に浸かってしまう。定期便も運行していない。にもかかわらず、船会社に不定期便をお願いしたところ、快諾してくれた。


4月4日、宮司と権禰宜2人と職員1人の計4人が先発隊として再び島へ渡り、本格的な上陸準備を進めた。15日には2班に分かれて金華山に上陸。神社の掃除、参道の土砂を取り除く作業などに取りかかった。27日には海上自衛隊のホバークラフトで、輸送船「しもきた」まで送ってもらい、お風呂に入ることもできた。そして物資の提供も受けた。

「震災前までは、食材を石巻市内の業者さんに電話注文して船の定期便に乗せてもらい、それでみんなの食事をまかなっていたんですね。

今はその船が不定期ですから、神職たちや、ボラン

冠水した桟橋

ティアの方、参拝された方でお泊りになる方に提供する食事の材料すべてを、非番で本島にいる神職たちが買って運んでくれています」

米・野菜・生ものなど10日分の食料となると、荷物は段ボール10個では足りない。12人乗りの小型モーターボートに、買い出しした荷物の重量が偏らないように積み込んで乗船し、島へ渡る。崖崩れが起きている坂道の参道を神社まで、その荷物を運んでいかなければならない。

「食料の運搬も大変な作業です。今は気温が低いからいいですが、夏場は食料も傷みやすいので、凍らせられるものは凍らせます。厨房のメンバーが2人おりますが、買い出しした食料で、約10人分の食事、1日3食を10日分、調理してくれています。本当によくやってくれています」

神職さんたちの想いが一つの「和」になっている。同時に彼らの頑張りが、幸代夫人はとても誇らしそうだ。

離島の神社で睦び和らぎ、神事を続ける

島に渡った神職さんたちは、懸命に復興のための清掃、泥出し、ガレキ撤去を続けた。毎日国旗を掲げ、朝、神様にご神饌をお供えしておこなう「御日供祭」では、大震災と津波による海難物故者供養の祝詞を奏上し、神事も続けた。弁財天の信仰篤い金華山で、その年の5月最初の巳の日におこなわれる「初巳大祭」には、例年、多くの参拝者で賑わう。その神事も、みんなの頑張りにより無事に斎行された。

4月の再上陸後、桟橋に和太鼓が流れ着いた。調べてみると、その太鼓は石巻市の白銀神社のものと判明し、奥海宮司が届けに行くと、奇遇なことに白銀神社も金華山と同じ、金山毘古神《かなやまひこのかみ》・金山毘売神《かなやまひめのかみ》がご祭神だったという。また、神社の清掃により古い貴重な文献が出てくるなど嬉しいこともあった。

6月にはガスが復旧しシャワーのお湯が出るようになり、また電話回線もつながった。

7月の「金華山龍神祭」は神事のみをおこない、「龍踊り奉納」は場所を変えて、8月1日の「石巻川開き祭り」で、石巻地域復興祈願をこめておこなった。

9月には権禰宜の日野篤志さんの発案で、「祈復興」手拭いを制作し、1枚1千円での販売も始めた。

離島で、2班に分かれた神職さん、巫女さんたちが復興への思いを一つにして睦びながら、作業を推し進めてくれた。

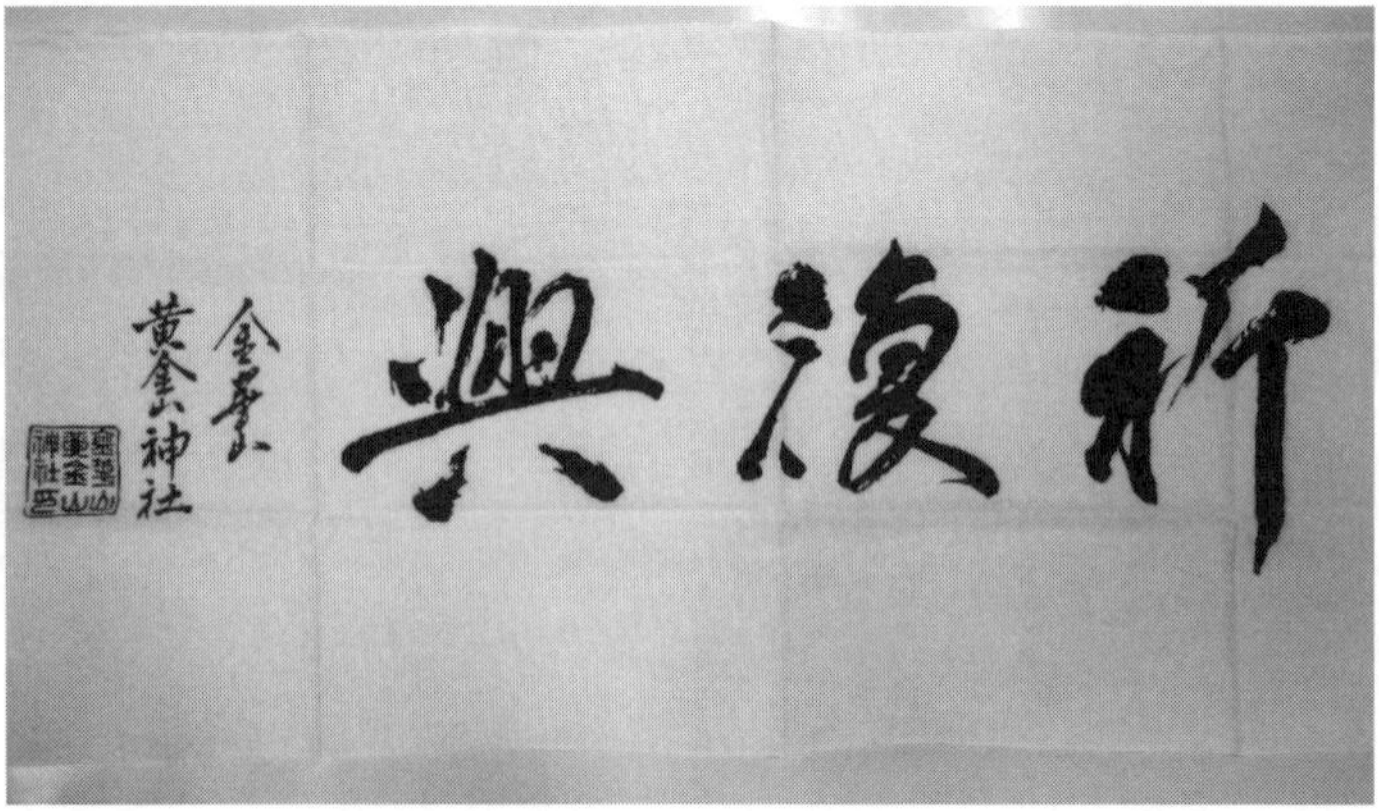

日野篤志権禰宜発案の「祈復興」手拭い

台風15号による被害の復旧にあたるボランティアと神職

みんなと一緒に泥んこになり作業したい

ようやく日常が戻り始めた矢先の9月、台風15号が、金華山の近くを通り過ぎていった。

「台風の方が震災よりも土木関係の被害が甚大でした。土石流による参道の被害が大きく、うちの職員やボランティアの方たちが、今も懸命に復旧作業にあたってくれています」と幸代夫人。

仙台市内の街には活気ある日常が戻っている。被災地に心を寄せてくれる人はいる。だが、全国ではすでに「対岸の火事」の人も多い。派手に着飾り震災前と同じように遊んでいる若者を見ると、幸代夫人は、自分の神社に奉職している子たちを思い出してしまう。

「金華山は離島ですから、うちの神社に奉職すると、神職さんも巫女さんもみんな住み込みです。普通はお友達とカラオケ行ったり買い物したり遊びたい年頃ですよね。3週間住み込みで働き1週間休みなので、お友達とも休みが合わなくなるんです。そういう環境のなかでも頑張ってくれています」

地震直後、5人の神職・職員が辞めた。給料カットも余儀なくされたが、それでも一緒にやろうと多くの神職たちと巫女さんが残ってくれた。

「みんな残ってくれて有難い。震災後は夏季の手当てもつきませんでした。子育ての真っ只中でお給料が減ると、現実問題とても大変ですよね。家のローンがあれば、なおさら切実です。そういうなかで、職員のみんなが本当に頑張ってくれています。うちの子たちにもっと順風満帆な普通の暮らしをさせてあげたいと思うんです。

既に他の地域では、対岸の火事のように我関せずの生活をしている人もいると思います。仙台市内や駅前でも、そんな人たちを目にすると羨ましく思ったり、『少し痛みをわかってほしいな』と思うことも、本音ではありますね。

もし、うちの子たちがこの人生を選ばなければ、いまごろは、対岸の火事でおしゃれして優雅に、楽に暮らせる別の人生があったかもしれない。うちのお宮に来たばっかりに、こういう人生になってしまったのではないかと思うと、つい……」

切々と訴える幸代夫人から、宮司夫人としての「親心」が伝わってくる。金華山のみんなはどう感じるだろうか。「私たちは残りたくて神社に残りましたよ」と言うのではないだろうかと、言葉にしてみる。

「神主は信心がありますからね」

私たちが忘れてはいけないこと、それは、被災地から離れていても、そこで起きたことを「対岸の火事」にしないことではないだろうか。

私が奉職している高知県の若一王子宮の吉川高文宮司もことあるごとに、「今、日本でいろいろな問題が起きているのは、私たち神職の祈りが足りないからだろうか。どうすればいいのか」と自問している。大震災、津波、台風、原発事故……どこに住んでいたとしても、実際には誰ひとり、他人事では決してない。大震災を経験された方々のお話を聞かせていただき、教訓とすることが、今、必要なのではないだろうか。

幸代夫人の思いは、金華山のみなさんにも伝わっているように思う、と伝えると。

「そういう環境のなかで、本当にみんなが頑張ってくれているんですよ」

3月に金華山を離れてから、83歳の睦名誉宮司は普段は仙台市内の自宅で過ごしている。

「私は長老だから（笑）。年寄りが行って何かあると、みんなに迷惑かけますしね。島には病院もありませんし、今は自宅待機ですね」

仙台市内の自宅が社務所の機能を果たしているため、幸代夫人も離れることができなかった。

「ここでの庶務、事務、会計関係の作業も復興の一端ですが、私個人的には、うちの子たちが必死で泥かきしているように、もっとみんなと一緒に、スコップを手に長靴履いて、泥だらけになって作業したい。そうじゃないと、宮司の家内の存在意義がないんじゃないかと思うんですよ」

つい、金華山の職員への思いが溢れる。

「私たち3人の安否を気遣って集まり、自衛隊や新聞社に働きかけてくれたり。巫女さんたちも

20代前半の女の子たちが2班に分かれて、地震直後の手つかずの時から、泥んこになり土壁の崩れた破片を運んでくれたそうです……そういう子たちの思いを考えると……」

彼らの熱い思いに報いたい！　幸代夫人は心中でそう叫んでいるように思えた。それは、彼らとの信頼関係があってのことだろう。大震災と津波を経験し、神社が損傷しても、島へ渡り、泥だらけになり復興作業に務め、神事を欠かさない……それにしてもみなさん、素晴らしい神職さんなんだなと、話を聞いていて、そう感じた。

金華山にも、またボランティアの方々が大勢、復興作業のため訪れている。ある職業訓練校の溶接の教師だった男性は、何カ月という単位で金華山に泊まり込み、壊れた灯篭の修復にあたってくれた。

「水道の事からなんでも工事のことがわかる方らしく、うちのみんなも工事方法や修復方法を教えてもらって作業しているそうですよ」と睦名誉宮司。

島の懐かしい神社の音

「金華山では、窓を開けると海が見えて、水平線と牡鹿半島の景色が見えます。空気が澄んだ日は、1キロメートルほど先の松の木の葉っぱの一本一本が見えるほどです。仙台市内の家だと、人の家の屋根しか見えません」と苦笑いする幸代夫人には、金華山で見える景色とさまざまな音が五感で刻まれている。

金華山に船が到着し、船のエンジン音が響くと、「お客さんが乗っている」と思う。島には神の使いといわれる神鹿約500頭と、野生の猿も250頭いる。神鹿に餌をあげた子どもが神鹿に追いかけられている歓声。ご祈祷を告げる太鼓の音が鳴り響く音。「何時からご祈祷です、お申し込みの方は」というアナウンス。境内で参拝者が神鈴を鳴らす音。参拝者を乗せたマイクロバスが坂道を登ってくる音……。

「それがいつもの日常の音でした。それらが全部無くなり、震災後に聞こえてくるのはヘリコプターの音だけ。今も、その音は好きになれないですね」（幸代夫人）

私が、神職資格のための実習を伊勢の神宮で1週間にわたり体験した時のことだ。神宮の一人の神官さんがおこなった講義で忘れられない言葉がある。

「みなさんが実習するにあたり、まず伝えたいのは、『感じてほしい』ということです。五感をするどくしてほしいのです。

神道は宗教であるかどうかをまずは考えるべきですが、あえて宗教とするならば、それは感性の宗教、五感を超えた直観の宗教なのだと思います。

神鹿

現代という今の時代には、文明を捨てずに五感を鍛えることが大切です。神道は体感するものです。そして、それをさらに文章で証明していくことが、今後、必要となるでしょう。

古代の人は一つの火を見て聖なる火か邪なる火か、水を見て聖なる水か、すぐにわかる感性を持っていました。みなさんも、玉砂利の音、風の音、月夜の美しさ、満月や月の満ち欠け、天上・地上のすべての命宿るものを感じる感性を持ってほしい」

金華山の自然豊かな生活のなかで、感じていた音。鹿や猿との共生。吹き抜ける風、空、波、そよぐ木々、沢の水、土の匂い……そして時に猛威を振るう自然。

私たちの先人たちは、そうした自然を征服するのではなく、人もその中で「生かさせてもらう」という感覚を持ち、この四季折々の列島で生きてきた。

「私たちは自然の掌で生かされているんです。空気を吸い、自然や土が育ててくれたお米や野菜を食べて生かされています。

そして、神社は地域の拠り所です。こういう災害が起こると人が集まったり、避難所にもなります。心の拠り所でもあります。私たちがしっかりしないといけません。正直、みなさんをお救い

5月の初巳大祭の神事も神職たちの頑張りで斎行（左）
「石巻川開き祭り」で、石巻地域復興祈願をこめて「龍踊奉納」を奉納（右）

する立場ですからね。だからこそ自ずと、『私たちよりも大変な人がいる』と、人を思いやる気持ちになるんでしょうね」（幸代夫人）

「金華山にいる鹿や猿は津波や地震の後も、ケロっとしているんだよね。本当にあっさりとしていいます。地震後に私たちの前に出てきた鹿は、倒れた石の鳥居の注連縄を食べてるの（笑）。人間とは違うねー。自然はやはり強いですよ」

睦名誉宮司の童女のような天真爛漫さに、その場が和む。同時に私は、長老の智慧に触れているようにも感じた。

復興への長い道のり

幸代夫人の心は金華山とともにある。

「1300年近い神社の歴史のなかで、これまでも数々の天災や、火事で本殿が全焼したりと、何度もそうした危機を乗り越えてきたんです」

「この震災は千年に一度だからね。今度はなかなか大変だね。地震はしょっちゅうあるけれど、津波がくるのはわからなかった」と、睦名誉宮司もため息を漏らす。

当日外出していた奥海宮司は、まるで神様が呼び戻したかのように、地震の10分ほど前に島に戻ってきた。

「宮司が地震直前にお宮に戻ったのも意味があると思います。これからは我々の番というか、再建しなければと、そういうことなのだと思いますね」と、幸代夫人が自分たちに言い聞かせるように、こちらをまっすぐに見つめた。

最後に、睦名誉宮司に女性神職として50年の思いを尋ねてみた。

「こういう時代になると、最後は神様に頼りたいという、氏子さん方・崇敬者の方もいっぱいいると思います。被災されてもみなさん、明るくされているけれど、きっと将来のことを考えるまでには至っていないのかもしれませんね。

私は息子に宮司を譲りましたが、うちの宮司をはじめみんな一生懸命やってくれています。女性の神職さんも私たちの時代と違い増えていますが、参拝者への接待や心配りなど、きっと女性は女性にしかできない神職としての役割もあると思います。神様との中継地点としてね、頑張ってほしいね」

千年に一度という大震災と津波被害。家も仕事も失った人も多い。町ごと避難している人たちも多い。「復興」というのは、これからなのだ。

そして東海・南海地震もいつ発生するかわからない今、日本人の誰一人として「他人事」ではすまされない時代になっている。

現在、女性の神職が占める割合は約12%。その道を切り拓き、50年近く奉職された睦名誉宮司が感じたという、こうした時代において女性にしかできない役割。そしてまた、神によって役割も違うように、一人ひとりも役割が違うのだろう。災害が発生したときに、自分なりの役割が果たせるように努めたいと思う。

睦名誉宮司は、悪戯な童女のような瞳で、「昨日、仙台の街に行って長靴を買ってきたの。金華山はどうなってるんだかねー。まだ、泥だらけらしいからね」と、私に微笑みかけた。

正月三が日は、特別に金華山への船も運行された。島に上陸してから神社までの坂道にも、10人乗りワゴン車が用意された。神社にも無料の待合所が開かれ、暖房や食事の手配もして、参拝者を招くことができるまでになった。

12月26日、睦名誉宮司と幸代夫人も、10カ月ぶりにみんなが待つ金華山へと戻っていった。

金華山黄金山神社

ご祭神　金山毘古神《かなやまひこのかみ》　金山毘売神《かなやまひめのかみ》（黄金山神社）
市杵島姫神《いちきしまひめのかみ》（大海祇《おおわだつみ》神社）

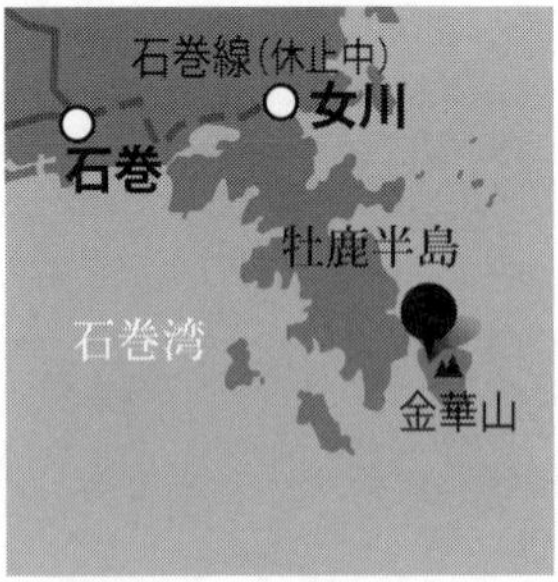

所在地：宮城県石巻市鮎川浜金華山５番地
電　話：0225－45－2301

第6章

相馬中村神社

（福島県相馬市）

禰宜　田代麻紗美さん

神事「野馬追」を続けることが、
相馬の光になると信じて。

天皇陛下御製　（平成23年）

東日本大震災後相馬市を訪れて

津波寄すと雄々しくも沖に出でし船もどりきてもやふ姿うれしき

3・11東日本大震災により、日本伝統の祭りの開催が危ぶまれた神社も多い。そのなかでも、ニュースやテレビで何度も取り上げられて全国の人が目にしていたのが、福島県の相馬地方に伝わる「相馬野馬追《そうまのまおい》」（国指定重要無形民俗文化財）ではないだろうか。

7月には「相馬野馬追始まる　総大将が涙」と、新聞やニュース特番でも祭りの開催までの模様が放映された。

千有余年前、平将門公が始めたという野馬追は、子孫の相馬氏により相馬野馬追として、現在まで福島県の相馬地方に伝承され、南相馬市の小高神社・相馬太田神社と、相馬市の相馬中村神社の3社でおこなわれている神事である。

2011年（平成23年）年は、震災で亡くなられた方の鎮魂を願い、また地域の復興のシンボルとして規模を縮小し、7月23～25日に「東日本大震災復興　相馬三社野馬追」と称し開催された。しかし神事の開催に至るまでには、何度も検討が重ねられたという。

その中心となり神事の開催を支えた女性の神職さんがいる。相馬中村神社禰宜を務める田代麻紗美さん（以下、田代禰宜）。仙台からお会いしたい旨をFAXしたところ快諾してくださったので、仙台から福島の相馬市へと向かった。

福島県相馬市中村にご鎮座する相馬中村神社は、福島原発からは42キロメートルの距離にある。地震により参道の灯籠はすべて倒れ、鳥居にもズレが生じたが、ボランティアの手によりすぐに修繕された。津波の被害がなかったこともあり、ボランティアの支援物資の基地として地域貢献を果たしている。

同神社の兼務神社で、海岸近くにご鎮座する津神社に避難してきた氏子さんたちは一命を取りとめた。

「昔から、『地震と津波が来たら津神社に逃げなさい』という言い伝えがあり。そこへ逃げた方は助かりました。言い伝えを知らなかった若い世代は、津波にのみこまれてしまいました。やはり、伝承を語り継ぐことの大事さが身にしみましたね」

出迎えてくださった田代禰宜は、可憐な女性らしさと芯の強さで、震災後も地元のために尽力されている。

相馬野馬追神事

福島県は、これまで訪れた岩手県の陸前高田市や宮城県の南三陸町、石巻市など津波にのまれ被災した街とは違う空気に包まれていた。それは「福島原発事故」という人災の影響によるものだ。

相馬野馬追は、旧相馬藩の領内にご鎮座する3つの神社でおこなわれる神事だが、南相馬市の小高神社と相馬太田神社は、東京電力福島第一原子力発電所から半径20〜30キロメートル圏内の「警戒区域」「緊急時避難準備区域」圏内にご鎮座している。祭りの開催については相馬野馬追執行委員会の公式ホームページ上に「観覧を勧めるものではない」と記載されていた。

震災後すぐは、誰もが「今年は野馬追を開催できないだろう」と考えていたようだ。

「そうした状況の中、若い人が引っ張っていかなければ到底開催できない状態でした。私は今、神社の禰宜として30代目を継ぐものとして、相馬のお殿様の息子さん（相馬行胤《みちたね》氏）とタッグを組んで動いております。

震災後すぐに殿と話し合いをしたときに、『神事はつなげて伝えていかなければ続かなくなってしまう。どれほど規模を縮小しても、殿とお神輿と私たちと騎馬が一騎二騎でもいればつなげるべき』と意見を述べました」（田代禰宜）

その背景には、明治の大飢饉の時にも、旗だけは出して神事をおこなったという記録があったからだ。縮小してでも神事と伝統を守りたい。その熱意がやがて周りを動かしていった。そして7月、勇壮な野馬追がおこなわれた。

23日朝8時過ぎ、相馬中村神社で「出陣式」が開かれた。神事の参加者全員が、海のある東を向いて、ほら貝の音とともに、亡くなられた御霊に黙祷を捧げた。

相馬家33代当主の長男で、総大将の相馬行胤氏は、参加者に向けて呼びかけた。

「一人ひとりが相馬野馬追の伝統の力を信じ、一日も早い復興が実現することを念じながら、行軍してほしい」と。

参加者や集まった観光客たちからは拍手と歓声が湧きあがった。

正月よりも大事な一年の神事

集まった人たちのなかに騎馬行列を見守る一人の男性がいた。杉秀輝さん。

杉さんは、2歳の時から騎馬武者として参加して28年。一昨年には、生まれた子どもを抱いて騎馬行列に参加していたという。

「相馬では『野馬追に出ない男はヘタレ』と言われるほど、人生に根ざした大事な行事です。この相馬地方では、一年の区切りは正月ではなく野馬追です。みんな赤ん坊の頃から父親の馬に乗せてもらいます。僕たちは野馬追が終わってやっと、『今年一年終わったな』と感じるほど、生活の大切な一部分なんです」

杉さんは福島原発から20キロメートル圏内にある小高神社の氏子。現在は奥さんと子どもさん、ご両親とバラバラに避難し、単身で南相馬市に戻り仕事をしている。

以前、相馬野馬追の騎兵隊で疾走した写真を見せてくれる杉秀輝さん

「放射能汚染の影響で、私たちの地域はみんな避難してバラバラになってしまいました。今回、

馬に乗らないでお世話するのは初めてで……何ともいえない」と杉さんは複雑な表情を見せた。

震災後、自宅への避難命令の後に馬を放して避難せざるをえなかった。その馬を救護したのが田代禰宜らと活動する仲間だった。それが縁で、「自分は野馬追の騎馬に出られないが、良かったら自分の馬だけでも使ってくれないか」と申し出たのだという。

「今、大切な野馬追が途絶えないために、自分たちがやれることをやろうと思います」と、杉さんが、野馬追の騎馬隊の写真を見せてくれた。

「今年も野馬追神事をやってもらえてありがたかった。そして自分の馬が神事に参加できて本当に嬉しかったです」

そして「来年こそは、馬に乗りたい！」と決意を新たにしていた。


神事を執りおこなった田代禰宜も、震災から野馬追開催までの道のりに思いを巡らせた。

「大切な伝統を途絶えさせてはいけない。残せるものは残したうえでつなげていかないと。宮司である父と私は同じ思いでした」

開催は決定したものの、意見は賛否両論に分かれた。他の神社2社に、「相馬市内に遥拝所を作り、神事をおこなえないだろうか」と打診すると、「よその神社の場所をお借りしてまでやるべきことではないだろう」という回答が戻ってきたという。

千年に一度の震災、さらには放射能汚染の問題もある。何をどう判断するかは、それこそ置かれた状況により違う。

「やはり放射能汚染の問題で、みなさんがバラバラになってしまっているので、気持ちを一つにするのは難しかったです」

「こんなときにやってどうするのか」という反対意見が半分を占めた。

「それでも私たちは強行しました。〝神事は絶対やめない〟という選択をして、どう周りと戦っていくかを覚悟しましたね。今もまだ叩かれている状態です」と、苦笑いを見せる。そこには若い女性の神職であることに加え、「自分の嫁いだところも目立つから」と田代禰宜は自己分析もしている。

田代禰宜は、秋篠宮紀子妃殿下の弟君で東京農業大学講師・獣医でもある川嶋舟氏と2006年(平成18年)に結婚し一女の母でもある。川嶋氏も、震災当日は常磐線に乗車中に被災し、何時間もかけて徒歩で神社までたどりついたという。その後は、東京と相馬を往復し、積極的に支援物資を届け続けた。

伝統ある神事が震災後におこなわれたという報道を見た私は、「素晴らしい」と感じたが、それは遠く離れているからかもしれない。その当事者にしかわからないことも多々あるだろう。

「県外では、『よくやった』と仰ってくれる方が多いです。逆に県内は……参加できなかった方が近くにいらっしゃいます。例年は神社3社合同でおこないますが、2社は例年の形としては挙行できませんでしたので……」

「相馬ばかりが」と、言われた。田代禰宜たちがその後もおこなっている「出張野馬追」に関しても、反対意見が多いと苦笑いを見せる。

「相馬のお殿様は普段、北海道で暮らしています。私のように拠点を変えずに、この地域や神事を守る者も必要です。周りから叩かれたとしても、それが私で良かったなとも感じているんです」と、まっすぐな瞳で語る。

周りに叩かれることを「私で良かった」と言える強さはどこからくるのだろうか。田代禰宜は女性らしさと、肝が据わった強さとを兼ね合わせて持っている。一人の女性として、いろいろと叩かれてとても傷つくこともあるはずだ。それでも「神事を続け伝承を残したい」という、自我を超えた使命感が田代禰宜を突き動かしているように感じられた。

震災前までは、田代禰宜は女性の若い神職として模索することも多かった。だが今回、女性ならではの視点や心配りで、「相馬の中心で活動できた」という思いも芽生えていった。傷つきながらも芯の強さで、震災後に祭りの開催までこぎつけ、また地域の中心的役割を果たしていたことには、同じ女性として凄いと感嘆するばかりだ。

女性神職が震災で見出した役割

神社の禰宜として社務を取りしきる田代さんは、高校時代まで神社を継ぐつもりはなく、ご両親も神社の跡継ぎとしての育て方はしなかった。将来は音楽で身をたてようと、音楽高校に通っていた高校3年の時だった。

「私も小さいころから、野馬追の騎馬行事に出ていました。高校3年の時、ふと女性であっても神社を継ぎたいと思いました。そしてお祭りの騎馬行列の途中、宮司を務める父に『どうぞ私に継がせてください』と、お願いしました」

自分の道はあらかじめあったのではないかと思うこともあるという。

「やはり道というのは、その人により決まっているレールがあり、そのように神様が進めてくださるのだと思います。自ずと導かれた道を歩んでいけば、一歩一歩人生を歩めるのではないか。それが、今回の震災があって、私が感じたことですね」

つなぐ・結ぶ　産霊《むすひ》のこころ

震災後、相馬中村神社はボランティアが寝泊りする場所になった。

「うちの神社はライフラインが大丈夫でしたので、相馬行胤さんを支援してくださる方、うちの主人を支援してくださる方々が集まり、多いときには50人以上が寝泊りをしていました」

川嶋氏の支援活動や、相馬救援隊長・相馬行胤氏のもと、神社には10トンもの救援物資が集まった。田代禰宜はその物資を、被害の大きかった南相馬市と相馬市、飯舘村の各地域に振り分ける采配にあたった。

「娘も5歳とまだ小さく、よく人から『どうして逃げなかったの?』と、聞かれます。私は、お宮を守らなければいけませんし、大好きな馬たちも厩舎にいましたので、避難することは考えませんでした。近くの神社もお寺の方たちもみなさん避難されていたので、『心の拠り所がなくなった』

という地域の方の不安の声を、この神社に残っていたからこそ聞けたように思います」

震災直後の3月中は、ご遺体が見つかっても葬儀もできない。火葬場の人もいないという大変な状況が続いていた。田代禰宜が神社にいたことで、女性の炊きだし支援者も集まり、相馬地域での、救援物資集配の中心基地として活動を続けた。「アンデルセン」という製パン会社も境内に常駐し、パンを焼いてくれたという。

「そこの会社の方が参拝されたときに、南相馬や飯舘村に運ぶ食料が不足していること、老人ホームにも、高齢者の体に良くない塩分や油の多いカップ麺しか配れていないことをお話したんです。するとパンを焼くオーブンをお持ちになり、寝泊りもトラックなどでされながら3カ月間、毎日1千〜2千個のパンを焼いてくださったんです。パンは栄養価も高いですし、口あたりもソフトですしね。本当にありがたかったです」

地域の学校給食も始まったが、おにぎり1個だけなど、食料が不足している学校へ、そのパンを相馬行胤氏とともに配布した。アンデルセンの支援は、実は行政から一度断られていた。ところが神社参拝を機に、「支援したい」という申し出を田代禰宜が受け入れつないだのだった。

他にもさまざまなNPO法人やボランティア団体からの「支援したい」という申し出を、田代禰宜が仲執持ちとなり行政に掛け合い、適材適所を探し出しながらつないでいった。

「仲の良い行政マンがいるのも強みとなり、支援の申し出に対してレスポンスも早く行動を起こせました。神社の娘として32年生きてきたこと、この地域で私の顔が広いこと、女性であったことなどが、今回の震災で支援が必要な時に、色々とつないでいくことができた大きな理由だと思います。そういう育て方をしてくれた父と母には感謝しています」

福島県の相馬地区では、家族を避難させて単身で行政の業務に携わる男性が多かった。

「お子さんがまだ小さいので、ご家族を避難させている人も多いです。食事や洗濯に困っている男性の友人で重責に携わる人々がいました。彼らは神社で朝食を食べて仕事に行き、その間に預かった彼らの洗濯ものを洗濯して、仕事終わりに夕飯を食べに寄った時に手渡しました。そうでなければ、男性は仕事ができませんよね。仕事をする男性たちを支えることができたのも、ここに女性たちがいたからこそです。

私はいつか30代目の宮司を継ぐときがきますが、今この時代、このお宮で宮司を仰せつかる意味を、この震災を通して気づけたように思います。もしうちの父がもっと高齢であったら、女性の私に跡目は継がせずに、きっと婿養子を貰って神社を継がせる選択をしていたと思いますから」

田代禰宜は女性にしかできない視点での支援を、常に念頭に置いていたという。

一日に米30升のおにぎりを結ぶ

『古事記』の冒頭に「天地《あめつち》初《はじ》めて發《ひら》けし時、高天の原に成れる神は、天之御中主神《あめのみなかぬしのかみ》。次に高御産巣日神《たかみむすひのかみ》。次に神産巣日神《かみむすひのかみ》。この三柱の神は、みな独神《ひとりかみ》と成りて身を隠したまひき」と記されている。

「むすひ」とは、「ものごと」を産み、生かし、育て、伸ばす「生成発展」の自然の原理をさす。

森羅万象の自然の摂理（ものごとを産み、生かし、育て、伸ばす）、それこそが神の恵み。この「むすひ」とは、さまざまなものを結びつけていき、そこから生命や活力を生み出していく力のこと。この「結び」（産霊《むすび》・産巣）というのも神道の大切な考えの一つで、人と人との「結びつき」「縁結び」また、おにぎりの「おむすび」。娘・息子も、この「むすひ」から派生した言葉だ。

田代さんが禰宜を務める相馬中村神社のご祭神も、天之御中主神。震災後、田代禰宜も、多くのものを「結び」つけていった。実際、1日に30升分の「おむすび」を握っていたと聞いて驚いた。

「神社で炊きだしをするのに、社務所用の大きなガスコンロが二つしかありません。そこで一日に30升のお米を焚いて、最初はスタッフとで一日中、日が経つにつれ仲間が増え、ずっとおにぎりを握り続けました」

「30升を？」と問い直すと、平然と、「はい」という答えが返ってきた。

「私、普段は別居婚ですから、あまり家事はせずに、娘と気ままにやっていましたが、おにぎりは上手になりましたよ（笑）。旦那様が理解のある方で助かりました」

おにぎりを握りながら、その間に、朝・昼・夕飯の支度をする。ソーセージや卵など、届いた救援物資でお弁当を毎日作り続けた。「今思うと、一日の時間をどうやりくりしていたのかが不思議でなりませんが」と、笑う。

温かなお弁当を食べてほしい

相馬市・南相馬市という被災地の最前線で働く人や、地域に残る高齢の方たちに、「温かいご飯を食べてほしい」という、女性らしい心くばりをモットーに、毎日仲間たちとお弁当作りを欠かさなかった。

南相馬市で営業を続けていた郵便局があった。

「毎日、局員さんの人数分のお弁当とパンを運びました。多いときで30食ほどです。ご家族は避難していて単身で缶詰だけの食事をしている人も多かったんです」

毎日、2カ月近くお弁当を作り運んだ。逆に郵便局は、神社に届いた救援物資を置かせてもらう分所のようにして、歯ブラシや石鹸など、日用品の支援物資を町に残る人たちへ届けた。

「郵便局に来る方が、口コミで近所の方に情報を伝えてくださって。そうした地域のつながりで物資を提供していました」

飯舘村にも、車で1時間以上かけて支援物資を運んでいた。

馬100頭を救済

ホースセラピーも手掛けている田代禰宜は、支援物資の配布と同時に、被災地に残された馬の救出にもあたった。

「このあたりは、神事のためだけに馬を飼う人がとても多いんです。震災の翌日から、警戒区域に指定されて入れなくなる前日まで、被災した馬を探していました」

ガレキに埋もれていた馬100頭を救いだし、境内にある厩舎に運びいれた。

「いまだに1頭、名前がわからない馬がいます。この子は津波に遭い、4月中旬まで塩水を飲んで生きのびたんです。非常時には、主人が獣医師ですから、救助した馬への手当を任されていました。馬の持ち主を見つけだし、その方の家へと戻したり、新しいオーナーさんを探したりの作業もしています」

神社がなければ死んでいた

馬を世話するスタッフのなかに、家族も愛馬

相馬中村神社にある厩舎、100頭の馬を救い出した

も亡くし、家も流されて、神社に寝泊りしている女性がいた。

「ずっと神社に宿泊しておりましたが、『どうしても生きていけない』と思う日も、やはりあったようです。

それでも神社に来る多くの人と接しているうちに、自分よりも大変な思いをされている人たちの姿を見て、『神社にいたから、自分だけが大変じゃないということに気づかされた』と言ってくれました。家も家族も愛馬もすべてなくした人が、なかなかそう思えるものではありませんよね」

その女性が最近、結婚したという。

「震災婚というのでしょうか。ご主人も小高地区の方で家に帰れません。彼女は津波で家もない。この震災がなければ、互いを分かり合える配偶者に巡りあえなかったかもしれないねと、彼女とよく話をします」

現在、夫婦は仮設住宅で新婚生活をおくっている。

「彼女から『神社がなければ、命を絶っていたかもしれない』という言葉を聞くと、私たちが出会えたことも、彼との出会いも、ご神縁があってよかったなと、つくづく思います」

女性は中和してつなぐ

田代禰宜が女性の神職として神社に奉職するようになってから、参拝者が田代さんと話をして帰られるようになったという。

「宮司の父がそう言ってくれます。それは父が、女性の神職の私を認めてくれている部分かと思います。やはり男性は男性、女性は女性の役割があるのだと思います。男性を守ること、地域を守ることも、女性の役目です」

「人と人」「支援と人」を結びつけることのほかに、女性には、男性と男性の間に立つこともできるのではないかと田代禰宜。

「こうした国難のときは、誰もが精神的にピリピリした状態になります。そんなとき、間に立つことで喧嘩にならずに済んだことも多々ありました。男性同士だと手や足が出そうになりますが、言葉を和らげるのは女性のプラスの部分です。互いから聞いた話を、うまく中和できるのも女性ならではのことだと、今回の経験で感じました」

違う部署とうまく連携が取れず不満を募らせる人がいると、その話を聞いた上で、田代禰宜はその部署の知り合いのところへ出かけていき、間を執り持ちつなぐこともあった。

また神社には、あらゆる相談が寄せられる。

「ハローワークもずっと閉まっていたので、『神社で人材を知りませんか?』と、求人の問い合わせも多かったです。このあたりは農業に従事する方も多く、お米の美味しい地域です。けれども昨年は放射能の線量が高かったため、稲の作付けが制限されたので、ひまわりを植えて稲は植えませんでした。なぜなら稲を植えてしまうと、助成金が出ないからです。

農家の方たちは、本当は稲を植えたい、けれども放射能汚染の影響により植えられない状態です。かといって、今年は助成金が出るかどうかもわかりません。今年は去年のお米で賄えるかもしれません、けれど、来年からはどうしたらいいのだろうという相談を神社にお寄せになる方もいます」

地震・津波だけではない、目には見えない放射能汚染の問題が、里山が美しい相馬市・南相馬市の人たち、そして土地をも苦しめている。

神社に苦しみや相談をする方も多い。田代禰宜は、女性らしく、そんな氏子さんに寄り添いながら、話に耳を傾けていくだろう。きっと「それが私にできる役割ですから」と、使命感を持ちながら。

夜一人で涙を流して

気丈にふるまっている田代禰宜だが、震災から10カ月が過ぎても、ときに思い出して涙する夜もある。

「馬たちが私に元気をくれました」(田代麻紗美禰宜)

「それでもようやく、日中には泣かなくなりました。私はもともと泣き虫なので、被災後は所かまわず涙が出てしまい、周りからは、『いい加減に涙は止まらないのか』と言われましたが、止まらないですね（笑）」

家族の次には馬が大切という田代禰宜は、馬たちが頑張っている姿に助けられた。

「馬たちの姿を見ていなければ、私自身がへこたれていたかもしれません。人間は動物より弱いので。やはり意見の食い違いで叩かれた辛い時期もあります。でもそれを乗り越える器量をいただいたというのは、私は神様のおかげだと思っています」

花の美しさがよけい悲しい

道端に咲いている小さな花に目を留めた田代禰宜は、「綺麗ですよね。震災後は、こういう花さえ見てもすごく悲しくなりました。一生懸命に咲いている健気さというのが……だから私たちも耐えなきゃいけないですよね」と目を細めた。

その小さな花の可憐さ、健気さに自分を映し出したのではないかと思った。山、川、樹木、花、森……里山の景色が美しいほど、悲しみが増していく。

「兎追ひし　かの山　小鮒釣りし　かの川…（中略）…忘れがたき　故郷《ふるさと》」（「故郷」作詞／高野辰之、作曲／岡野貞一）

放射能により避難を余儀なくされた人たち。残った人たち。家族が離れ離れにならざるをえなかった人たち。誰もが故郷を想い、苦悩し、美しい里山に思いを馳せているだろう。友人たちも避難したなか、神社や愛する馬たちを守るために地元に残り、祭りのために奮闘する田代禰宜。

ある日のこと。田代禰宜がお弁当を運んでいると、老人ホームのお婆さんから声をかけられ、こう告げられた。

「物を貰うよりも、あなたの笑顔が嬉しい」

田代禰宜の笑顔が、地域に住むお婆さんの心の支えになっていたのだ。

「すごく励みになり、嬉しかったです。相馬野馬追は、規模も縮小されましたが、どんな形でも続けていくことが、亡くなられた方々への慰霊と、地域の復興、そして相馬の光になると、私は信じているんです」

除染の問題は残っているが、今年は従来の規模での相馬野馬追神事開催が予定されている。震災後神社を守り、地域のために相馬の真ん中で懸命に生きている田代禰宜自身こそが、光り輝いている。

相馬中村神社

ご祭神　天之御中主大御神《あめのみなかぬしのおおみかみ》

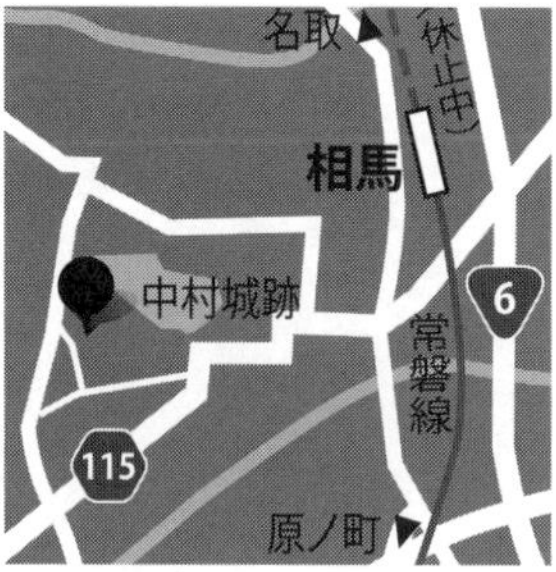

所在地：福島県相馬市中村字北町 140
電　話：0244 - 35 - 3363

相馬太田神社
ご祭神：天之御中主大御神
所在地：福島県南相馬市原町区

小高神社
ご祭神：天之御中主大御神
所在地：福島県南相馬市小高区

第7章

八重垣神社

（宮城県亘理《わたり》郡山元町）

宮司　藤波祥子さん

生き残った者は光に向かい
生きねばなりません。

皇后陛下御歌　（平成23年）

海

何事もあらざりしごと海のあり　かの大波は何にてありし

人が人を「つないで」くれる

相馬中村神社の田代麻紗美禰宜と、金華山黄金山神社の奥海睦名誉宮司から、「津波で神社が流されてしまい、仮殿で神様を祀られている八重垣神社に藤波さんという女性の宮司さんがいますよ」と、教えていただいた。

相馬市から仙台市内へ戻るため海沿いの国道を北上しながら、八重垣神社を探す。東側の沿岸部は壊滅的な状況で、海からすぐの八重垣神社も、鳥居、拝殿、すべてが流出している。小さな仮殿が、建物がなくなった場所にポツンと建っているのが見えた。プレハブの社務所には、夏祭りの写真やメッセージが貼られていた。

形あるものはいつかその姿を失う

3月11日、宮城県亘理郡山元町の八重垣神社の藤波祥子宮司（宮城県婦人神職協議会会長）は、秋田県神社庁で開催されていた「婦人神職祭式研修会」の参加中に地震に遭遇した。すぐに若い神職さんが、ワンセグテレビで情報を収集してくれた。

三陸沖が震源、津波10メートルと聞いたときには「もうだめだな」と思ったという。

「とにかく家族が心配でした。家族を亡くして一人になる恐怖が湧きあがりましたが、20分後に、長男の息子から、長女と90歳になる母と共に避難したとメールがあり、安心しました。夫は職場が高台で無事でした。10メートルの津波とケンカしたら、絶対負けますからね」

子どもの頃から「地震が来たら津波だからね」と、女性の神職の先輩でもある母に言われて育った。息子さんは、幼い頃に地震を経験して以来、地震を異常に怖がるようになっていたことが功を奏して避難は迅速だった。車に布団を積み込むと、国道が渋滞する前に高台の役場に避難を済ませた。

藤波祥子宮司

藤波宮司ご自身は秋田県で2晩を過ごし、宮城県に戻って来ることができたのは3日後。ガソリンが不足するなか、秋田県の女性神職さんが車で宮城県まで送ってくれた。

「主人から、『何もなくなった』と聞いていましたが、砂漠のように何もなくなったんだろうかと、ただ想像するだけでした」

八重垣神社にたどりついたのは、震災から1週間後のことだった。

「津波の現場に立ったら、私は泣き崩れるのではないかと思っていました。大好きだった社殿、幸せがいっぱいつまった我が家、すべてが流されて基礎部分だけになった跡地に実際に立ってみると、悲しみや絶望よりも先に、『はぁー』と吐息が漏れるという感じでしたね。実感がわかないとともに、なぜか心のなかで、『やっぱり、そうなんだ』と、不思議と納得していたんですよね」

目にしたのは、辺り一面のガレキの山。神社も家も流出し、さらに海側に建っていたものが流れてきていた。

納得ですか？ と驚く私に、

「ええ、形あるものは、いつかはその姿を失う。私、ずっと心でそう思っていたんでしょうね」

藤波宮司は柔和な表情でこちらを見つめた。

「自然の前には〝例外〟はありません。もとより、自然に対して何かを想定するなんていうのは人間の驕りだと思うんです。自然の法則のなかに生きるものは、ただ黙ってそのすべてを受け入れて生きていかなきゃいけない……。日本の神々

津波により、八重垣神社とご自宅すべて流されてしまった

は、西洋の唯一絶対神とは違いますよね。

人間に災いをもたらすものでありながら、逆に豊かな実りや大漁をもたらすもの。つまり、人間の力が及ばないすべてが『神』と、本居宣長は言ったのではないかしら」

大事にしていたものを一つ紛失しただけでも納得できず執着することがある。それを家も神社もすべてを失い、「納得」したというのは、子どもの頃から海のそばで育ち、自然とともに、神とともに生きてきた人にしか到底言えない、重い言葉だ。

頭ではわかろうとしても、そう心から納得できるものではない。

知識を「知る」には三つの種類があるということを神職研修で聞いたことがある。

一つは、いろいろなことを知ってはいるが主観がない「雑識」。次は、筋道通りに理論化していて高度さを保つ「見識」。そしてもう一つが「胆

プレハブの仮社務所の窓には、震災前の八重垣神社の拝殿の写真が

識」。これは、頭ではなく肚《はら》に入っているもの。いちばん大切なのは、この肚に入っていることだという。そうでないと、実践にはつながっていかない。「肚をくくる」という肚のことだ。「私はこう思う」と、肚で想い語ることが大切で、特に神職は、この肚からの知識でないと、氏子さんにも崇敬者さんにも伝わらないだろう、というお話だった。

藤波宮司の「やっぱりそうなんだーと納得した」という言葉からは、肚からの重みが伝わってきた。目にした光景を頭では理解しても、心が追いつかないという次元の言葉では決してない。藤波宮司の人生をかけて肚から溢れ出た「言霊」だと思った。

津波にも耐えて立つ石碑

同時に、この旅でお会いしたみなさんは、自然とともに生きることが細胞にしみている。自然と共生する神道の道を実践しながら生きていらっしゃることを実感した。

自然を受け入れることの壮絶さと強さと大きさ……多くの日本人が忘れてしまったことかもしれない。けれど今、それを思い出すことが必要なのではないだろうか、それも肚から。

流れついた神輿

八重垣神社は807年（大同2年）の創建以来、地元の人々に「お天王《てんのう》さん」と愛されてきた。神輿を担ぎながら海に入る7月の夏祭りには、近隣の町からも参拝者が訪れる。

江戸時代に建てられた総ケヤキ造りの拝殿も津波で流出。そして、氏子さんたちの家もほとんどが流されてしまい、亡くなられた氏子さんも多い。

大津波に流された神輿が、ゴールデンウィーク直前、300メートルほど離れた、元の総代長の故・岩佐薫さん宅に流れついていたのが発見された。藤波宮司は、数年前に亡くなられた総代長さんが、そこでくい止めてくれたのではないかと思ったという。

「津波で神様まで流されたわけではありません。神主として、自然や人の心を鎮めたいと、強く思いましたね」

〝物〟は流れても、神様も心も流されてはいない、そんな前向きな強さが、ひしひしと伝わってくる。

こういう時こそ、氏子の力に

仙台市内に住む姉の自宅に避難していた藤波宮司は、氏子さんたちの様子が気にかかり、車で1

時間以上をかけて、避難場所を訪ね歩いた。

「こういう大変なときこそ、神社の宮司をしている私が、みなさんの力にならないと」

避難所に顔を出すと、氏子さんたちは藤波宮司を喜んで迎えいれてくれた。

「私もみんなと同じで、家もなく神社もない。だから、わだかまりなく心も開きあえるのかもしれませんね。別のお宮の神職さんには、『自分のお宮や家は助かっているので、すべてを失われた氏子さんが距離を感じているように思う』と、苦悩する方も多いんです。でも私は、みんなと同じラインに立っていますので、共に笑えるし泣けます」

街で顔見知りと再会すると、「わぁー生きてたー会えたー」と抱き合うこともあった。

「もう、どさくさの状況で巡り合い、再会すると、それは嬉しいものです。ただ共に抱き合うという感じでしたよ」と、おおらかに笑う藤波宮司だが、震災後、街で出会った氏子さんたちと接して感じたことがある。

「それはね、自然を相手にしたお仕事を生業としてきた方たちは、精神的にも人間的にも強く柔軟だということです」

その昔、海に近い八重垣神社近辺は、もともと土地も痩せていて作物も穫れなかった。

「戸数も少ないし、スイカや瓜しか育たず、裕福ではありませんでした。そのため、陸地側の人からは〝浜太郎〟と、貧乏なことをバカにされていた時代もあったようです。でもこの地区のみなさん、信仰深くてね。漁業や農業を営むこの浜の人たちは、気持ちもカラッとしています。悲しいことがたくさんあっても、共に笑い泣きあえるんですよね」

孤独死が急増する社会の中で、共に笑い、共に泣ける。そんな仲間がいることが、本当の豊かさなのではないだろうか。そして手を携えあい生きる。そんな地域のつながりが昔からあったのだという。

「代々、長い年月、ご先祖たちは農業や漁業を営んできました。日々、自然と向き合う生活のなかで、〝自然とは何か〟ということを身をもって深く理解しているんでしょうね。ひょっとしたら、代々受け継がれた遺伝子のなかに、そうした自然観の叡智のようなものが組み込まれているんじゃないでしょうか」

自然そのものが神。「日本の神様は自然そのもの。その自然から学びとりなさい」という、第1章の荒木タキ子さんの言葉を思い出す。

台風・地震・津波の多い日本列島で、先人たちは、自然を敬い、畏れ、そして愛し、その人知を超えた大いなるものと共に生きてきたのだ。否、〝生かされてもらっている〟と、感じる感性を持ってきた。それを頭ではなく肚から身にしみて知っているのだ。

「みんな、すべてを失っていても、おおらか。あきらめているけれども、塞ぎ込んではいませんよ」

すべてを失いおおらか……第4章の大國龍笙宮司も仰っていた。それこそが人の器であり、叡智と呼べるのではないのか。あきらめるとは、〝明らかに究めること〟と言ったのは誰だったろうか。

藤波宮司が避難所に顔を出すと、氏子さんたちが「支援物資持っていきなさい」とか、「みんなでカップラーメンを食べてるから、一緒に食べていきなさい」と声をかけてくれた。そして、多くの人と抱き合い、ときに手を取り合い、共に泣き笑いしながら、一人ひとりの話を聞いていった。

「大切な家族を亡くされた人、津波で九死に一生を得た人、恐ろしい光景が脳裏から離れずに怯えている人……時間が経てば癒えるもの、また時が過ぎてさらに深い傷になるもの、被災された方、お一人お一人違います。

それでもみなさん、自分たちが置かれた状況を受け止めて、現状をどうにかしなければと、歩きだされています。歩幅もそれぞれ、早さもそれぞれですが、うなだれた頭を持ち上げて、歩きだそうとしているんです」

藤波宮司は氏子さん方の涙の受け皿になり、共に泣き笑おうとされているのだ。

震災でみえた信仰の度合い

「海はもう嫌だ」「神も仏もいない」と、氏子さんが口にするのを、藤波宮司は聞いたことがないという。むしろサラリーマンや被災していない人から、こうした言葉を耳にすることが多いという。

「避難所で『神社のお札ほしいんだけど』『お守りないの?』と聞く氏子さんに、隣にいた別の氏子さんが『あるわけねえっぺ。みんな流されたんだっちゃー』と声がかかり、みんなで『そうだよね』と、笑いました」

「神も仏もない」というお爺さんがいると、「そんなこと言う奴には、被災する前からいないんだ」と、氏子のお婆さんが突っ込む。

そっか。その通りかもしれないと、こちらも思わず頷いてしまう一言だ。

お婆ちゃん、凄いなー。そのお婆ちゃんがさらに、「被災していても、避難所からお天王様（八重垣神社）に毎日手を合わせてるんだ」と言ってくれたと、藤波宮司は嬉しそうに話す。

「今年の夏祭りどうする？」と震災後すぐに声をかけてくれる人もいた。

「被災して、神様や自然への思いをシャットアウトしてしまう人もいれば、生き残ったことを実感し、感謝の心で余計に神様に手を合わせる方もいます。すべてを失ったという同じラインに立っていると、その人間の根っこに近い部分が、より見えてくるんでしょうね」

石巻市の伊去波夜和氣命神社の大國龍笙宮司の笑顔が浮かんだ。

《ここらの人は誰も自然を恨んでないっちゃー。しょうがないっぺ》

誇れる氏子さん

「うちの氏子さんは、震災後、普段よりも信心する心が色濃く出ているように思います。震災が起きても日本では暴動が起きなかったと言われますが、それは東北全体に日本の故郷の心というべき、人々の温かさや素朴さが残っているからかなとも思います。

地域の人とのコミュニケーションがよく取れているのも理由でしょうね。互いに地域の人同士、性格もわかっているので、意見の食い違いがあっても察しがつくことで、特段、大きな争いにまで発展しません。

でもこうして実際、被災してみると、その地域の在り方がどういう社会であったのかが、鮮明に浮かびあがってきます。そう思って、今回の震災が都会で起きていたらと考えると……」

東京・大阪など大都市は、こうした地域の共同体の結びつきが弱い。自然の猛威を受け取る力や術も知らない。だからこそ、私たちは、東北の方たちが経験されたことやその思いを無駄にしてはいけないのだ。学ぶべきことを学び、対岸の火事ではなく、決して忘れることなく共に考え歩んでいかなければいけないはずだ。


昨年秋、藤波宮司が「神宮大麻《じんぐうたいま》」の頒布に仮設住宅を訪れたときのことだ。

「神宮大麻」とは、「天照皇大神宮」と書かれた伊勢のお札で、伊勢の神宮から全国の神社を通じて各家庭へ毎年頒布されている。

平安時代の末、伊勢の神宮にお仕えしていた御師《おんし》と呼ばれた人たちが、全国各地でお祓いをおこないご祈祷をしていた。そのご祈祷のしるしとして配布していたのが「御祓（後の神宮大麻）」で、これを人々は丁重にお祀りし、遠い伊勢の神宮への信仰を深めていたのだ。

鎌倉時代の歴史書『吾妻鏡』には、源頼朝が必勝祈願のために、「一千度御祓（のご祈祷）を勤めさせ云々」と書かれているという。

江戸時代中期には、宮中をはじめ諸大名、庶民まで、全国の世帯の約9割が「神宮大麻」を受けていたそうで、「お伊勢さま」「太神宮さま」と崇敬を集め、「伊勢にゆきたい、伊勢路が見たい。せめて一生に一度でも」と、お伊勢参りに心を寄せた。

近世までは御師たちが、崇敬者に頒布していたが、明治に「神宮大麻」と改称され、戦前は市町村や神職会を通じて頒布された。戦後は、神社本庁に委託される形で、全国の神社で、各家庭や商店、会社、工場へと頒布されている。

1943年（昭和18年）に1千200万体の頒布があったが、戦後、大幅に減少。それでも1990年代に入ると、この神宮大麻を受ける世帯は1千万体近くまで上昇。1990年半ばに再び減少し、2004年（平成16年）まで減少が続き900万体強となっている。これは人口の約2割にあたり、約2千400万人が家に神宮大麻をお祀りしている。

藤波宮司も昨年秋、氏子さん一人ひとりに、伊勢の神宮のお札「神宮大麻」と、仮設住宅に設置できる簡易神棚を頒布しに仮設住宅へ出かけたのだ。他の地区の氏子さんには、そこの神社の神職が頒布しにくるだろうと、藤波宮司は自分の神社の氏子さんだけにお配りをしていた。

「氏子のお婆ちゃん7～8人に、『神棚が来ましたよー』と。うちの氏子さんは、それを断る人もおらず、みなさん、受け取ってくださったんです。今の時代は『いらない』と断られる方も多いそうです」

そこに同席していた氏子ではない男性が、『そんなものいらねえ』と口にした。

「うちの氏子のお婆ちゃんがその男性に『なして、いらねえ!?』と言ってくれて。お婆ちゃんパワーは凄かったですよ（笑）。本当に誇れる氏子さんたちです」

全国で、今、神宮大麻をお祀りする人は2割に減っている。ほかに特定の信仰を持っていると「いらない」と断る人もいる。全国の神職は、毎年秋から冬にかけて一軒一軒回って頒布するなど、氏子さんに向けて地道な努力を重ねている。また全国で神棚のある家は全体の44%(2004年調査)。そのなかで毎日神棚を拝む人は12・1%という結果がでている。家の神棚で神様をお祀りする暮らしのなか、祖父母・両親・子ども・孫へと、日本人の心は伝承されてきたのではないだろうか。その減少が物語る意味も大きい気がする。

神宮大麻を喜んで受け取り、そして仮設住宅から神社の方角に手を合わせてくださる。本当に誇れる氏子さんだ。それも藤波宮司と氏子の方との深いつながりがあってのこと。こうした地域のつながりがある集落は、全国にどれほど残っているのだろうか。

高齢化・過疎化が急激に進み、社会が変化するなか、神社と氏子のつながりも変化している。だがこの大震災で見えてきたのは、失われつつある共同体のつながりの尊さだった。それを私たちはどうとらえ直し、つなげていけばいいのだろうか。

ボランティアの力

もう一つ、藤波宮司が被災して感じたことは、ボランティアの人たちの力だった。

「ボランティアをする人の姿を通じて、人間はもともと善なのだと感じることができましたし、日本人も捨てたもんじゃないと思えましたね。『人のために良いことをしたい』という衝動が、人の心には常にあります。この震災がその機会になり、自分にも善なる心があったことを思い出している人は、とても多いはずです」

八重垣神社にも、夜行バスで神戸・奈良から移動してきて、朝からガレキ撤去などのボランティア作業をおこない、その夜、またバスで帰っていく人たちがいた。

「よく体がもつなと感心しました。逆の立場であれば自分はできただろうかと、考えます。ボランティアの方々の活動なくして、この地域の復興などできません。こうした人の〝善のサークル〟のつながりも、今後、結ばれていってほしいですね。

震災と津波による被害はもちろん大変でしたが、日本人の心の温かさにも触れられ、そうした良いことも学習できましたよ」

どこまでも、前向きに明るい藤波宮司。その懸命な姿に心打たれた神職仲間がいた。宮城県の八坂神社の渡邊美香権禰宜だ。

彼女も3月11日は、藤波宮司と一緒に秋田県で研修を受けていた。そして震災4カ月後の7月には、八重垣神社で斎行された「復興祈願祭」に参列していた。そのときの様子を、「東北地区婦人神職協議会会報　第19号」のなかで、こう綴っている。

《生憎の雨でありましたが、近くの施設をお借りし、式は滞りなく行われました。あたりは津波に流され、建物も所々になんとか形を保っている程度しか残っておらず、瓦礫の山と覆い茂る草など、初めて見るその悲惨さに言葉がでませんでした。

しかし、そんな大変な状況にも関わらず、つらい顔を見せずに一生懸命な藤波会長の姿に心打たれました。―中略―
自分にできる事は限られていますが、これからも感謝の気持ちを忘れず、少しでも復興の手助けとなるよう、小さなことでも自分にできることを見つけて、共に頑張っていきたいと改めて思いました。》
藤波宮司には、出会った人を励まし元気づける力があるようだ。

神主はご祭神に似る？

藤波宮司は大学時代、同級生から「お前の神社のご祭神は？」と聞かれたことがある。「素戔嗚命《すさのおのみこと》」と返事をすると、「神主はご祭神に似る。お前を見ていると、それがよくわかる」と言われ笑われたという。

素戔嗚命は、天照大御神の弟神。高天原でも暴れ放題で、しまいには天照大御神は天岩戸にお隠れになり、素戔嗚命は罪をあがない地上へ降る。出雲に降り立った素戔嗚命は勇敢で人助けをする神へと成長を遂げて「八俣の大蛇」を退治し、奇稲田姫《くしなだひめ》と結婚する。

男女が出会う機会も少なかった昔、『お天王さん』と呼ばれる八重垣神社では、夏のお祭りのときに海岸で出会い結ばれた男女も多く、結びの神さまとして信仰されている。

「うちのお宮は母、私と二代続いて女性宮司です。母の姉妹が嫁いでいき、1人いた男兄弟が戦死してしまい、戦後、第1回目の講習を受けて、母が女性の神職になりました。戦前、宮司をしていた祖父の目が見えなくなってからは、母が代理で神事をやっていたようです」

その後、母親は結婚して、父親が宮司となる。女性神職への風あたりがまだ強かったという時代に、女性神職として頑張っている母親の姿を目にしていた。

そして藤波宮司は33歳で宮司を継いだ。

「母はおしとやかな女性でしたので、私の明るさは父譲りですね（笑）。飼い犬が飼い主に似ると言いますが、神主はご祭神に似るのかしらね？」

太陽のようにおおらかな笑い声が響く。つられて一緒に声を出して笑ってしまう。

プレハブの仮社務所

女は強し

他の神社の宮司さんたちからも「被災しても女は強いなー」と、よく言われるという。

「『今、何が必要か？』と聞かれて、すぐに私は『プレハブのスーパーハウス』と希望をお伝えして、持ってきていただきました」

今はそのプレハブが仮社務所として設置されている。

「被災された男性宮司さんのほうが、気落ちされたまま、なかなか気持ちの切り替えができずに立ち上がれない人も多いそうです。男性はナイーブなんですよね。女性は現実的ですから、この現実を受け止めるしかしょうがない。現実はここからです。津波で流されてしまった。その何もないところから始まるんです。やるしかありません」と、快活に笑う。やはり神主はご祭神に似るというのは本当らしい。

「明るい性格に産んでもらった母には感謝しています。神社も家も流されたことでショックを受けているのではないかと心配して、90歳になる母を7月になるまで神社には連れて来ることができませんでした。そして夏祭りの神事の前に初めて神社に来たんです。私は、母がその場で泣き崩れるのではないかと心配しました……でもね、戦争を体験しているので、動じません。強いです（笑）。女には持って生まれた強さがあるんでしょうね。足場の悪い神社の境内で母がサッサと歩いているのにもびっくりです。むしろ避難しているマンションでの生活の方が、少し歩くだけでも疲れるようです」

氏子がいなくなる地区

「うちの氏子さんたちは、神社との縁が深かったんです。一家に一人は必ず、お祭りの幟をたてたり清掃をしたり、何かしら神社に携わっていました。神社がこの地域の核だったんです。でもこれからはその形を維持できなくなっていくでしょう。どうなっていくのか見当がつきません」

藤波宮司は、この大震災が大津波を伴ったことが、これまでの災害とは違うところだ、と指摘する。福島の原発事故もそうだ。津波は街を破壊するだけでなく、それらを持ち去っていく。放射能汚染も、目には見えないが、避難を余儀なくされる。

「そうです。流されて失う、文字通りですね。でも失うのは物だけではありません。尊い人の命、そして氏子という存在もです。私の神社の氏子地区300戸のうち、元の姿で残っているのはわずか2戸しかありません」

千年以上もの長きにわたり一つの共同体として地域の核として、氏子さんたちと共に暮らし、祭りを執りおこない、互いに助け合い人生を共にしてきた。そこに在るべき氏子さんたちの我が家。残ったのは2戸だけ。人がいなくなった地域は、これからどうなっていくのだろうか。

「他の地域でも、高台にある神社は残ったけれど、氏子の家は流されたというお宮も少なくありません。神社から氏子さんたちの惨状を目にしながら過ごしている神主さんたちもいます」

南三陸町の上山八幡宮の工藤祐允宮司、石巻市の鹿島御児神社の窪木好文権禰宜も、高台に鎮座する神社から、流された氏子さんたちの住んでいた町を見て心を痛めている。家が流された氏子さん、避難させられた氏子さんたちは、みんなバラバラになってしまう。これまで長い歴史を費やして築いてきた地域の共同体が解体してしまう。

「この辺りで唯一の公共交通機関だったＪＲも、現在、いつ開通するのか分からない状態です。そのため通勤・通学ができない人たちは、しょうがなく大震災後に都市部へと引っ越しをしていきました。そして地元に残ることを選んだ高齢の方たちは、顔見知りや知人の多い仮設住宅で暮らしています。氏子という地域組織も、そしていちばん最小の組織である家族も、共同体のどれもがバラバラになってしまいました」

家があった場所は、建築規制で再建築ができない。田畑も塩害と細かいガレキ処理が必要で作付けもできない。

「ある氏子さんが別の場所に家を建てようとしたんですね。すると他の氏子さんから『別の区域に行ったら一緒に祭りできないな』と言われて初めて、『自分はこの神社の氏子ではなくなる』ことに気がつかれたんだそうです。やはり別の地域へ引っ越しされると、そこにはそこの氏神様もお宮もありますからね」

行政は「集団移転」を口にはするが……。

「その土地も財源もありません。まったく先が見えないこの窮状に、さらに人が流出してしまう。私は、元のような氏子の集落が再形成されることは、困難なのではないかと思うのです。氏子さんと共に神社を再建するどころではありません。氏子さんという存在自体が消失してしまうかもしれないのですから」

全国の神社の問題

こうした「氏子がいなくなる」問題は、この大震災で被災した地域だけのことではないと、藤波宮司は問題提起している。

過疎化が進む集落。少子高齢化問題。日本が抱える問題は山積みだ。

「私は、これはそれほど遠くない将来、全国の多くの神社が直面する問題ではないかと思います。氏子さんの多くが高齢となったとき、これから神社の運営はどうなるのでしょうか? 祖先から受け継いできた、この伝統はどうなるのでしょうか?

今回の震災は、私たちがこれから立ち向かうべき問題が何かを、神様が教えようとされているのではないでしょうか。日本人の私たちが、真摯に考えるべき『時』なのだと思います」

藤波宮司が問いかけるこの問題は、とても大きく根深い。全国の神社に貢献している総代さんたちの高齢化も進む。日本全国で高齢化・過疎化が急激に進んでいる。50年後には人口は8千600万人に減少し、全体の約4割が高齢者になる。

家庭・地域共同体が弱小化していく今、この大震災を機に、もう一度、地域の拠点としての神社と地域のつながりに注目することも必要なのではないだろうか。

いざとなった時に、どこに「つながり」を見いだせるのか。同時に、先人から受け継いできた日本人のこころを、次の世代へ受け継いでいく「媒体」としての共同体も視野に入れることが必要になってくるのかもしれない。

私が願うこと

神社は地域社会の中心だった。

「氏子さんたちが大切にしてきた神域は、千年という長い年月をかけて浄められて、多くの人々が祈りを捧げてきました。神社は長い年月を氏子さんとともに在りました。これからだって、私は氏子さんとともに在りたいです。

そう思う反面、私は、沿岸の集落が無くなるのであれば、神様とともに氏子とともに生きた、私たちの記憶を残すためにも、どんな形であれ、神社はこの地に残さなければとも強く思います。もし、神社が土地を離れてしまうとなれば、そうした人々とともに培ってきた長い歴史をも失ってしまうことになるのです。だからこそ今回の大震災が、多くを失っただけではなく、被災していない人たちや、日本全国の人たち、さらに世界中の人たちにとって、真の意味で『心の時代』を迎える契機となってほしいと、心から願っています」

豊かさとは、物があることではない。「形あるものはいつかはその姿を失う」と藤波宮司は言う。「本当に大切なものは目に見えないんだよ」と、子どものころに気づかせてくれたのは『星の王子様』（サン＝テグジュペリ作）だ。

人と人のつながり、絆、先人たちの知恵、ご先祖たちが私たちに伝えたいこと。人間を超えた森羅万象の大いなる自然そのもののなかに潜む見えない力を、畏れ崇める。自然とともに、祖先とともに、人々とともに生きてきた道。

それを私たちは、3・11を通じて、思い出そうとしているのではないだろうか。
最後に藤波宮司は、癒しの詩人と呼ばれる坂村真民《さかむらしんみん》の一つの歌を教えてくれた。

鳥は飛ばねばならぬ
人は生きねばならぬ
怒涛の海を
飛びゆく鳥のように
混沌の世を
生きねばならぬ
鳥は本能的に
暗黒を突破すれば
光明の島に着くことを知っている
そのように人も
一寸先は闇ではなく
光であることを知らねばならぬ
新しい年を迎えた日の朝
わたしに与えられた命題

鳥は飛ばねばならぬ
人は生きねばならぬ

（坂村真民「鳥は飛ばねばならぬ」『詩集　念ずれば花ひらく』サンマーク出版、１９９８年）

「この詩のように、私たちは、どれほど悲しくとも、どれほど苦しくとも、生き残された者は、光に向かい生きてゆかねばならない。そう、思っています」

藤波宮司の言葉に静かに頷く。

山の彼方に沈みゆく夕日が、八重垣神社を悲しいほど美しく照らしていた。

八重垣神社

ご祭神　素戔嗚尊《すさのおのみこと》

所在地：宮城県亘理《わたり》郡山元町高瀬字笠野128

第8章

旅の終わりに　若一王子宮《にゃくいちおうじぐう》

（高知県長岡郡本山町寺家）

権禰宜　川村一代

（吉川高文宮司）

「中今《なかいま》」ご先祖たちの言葉を、今繋げて。

明治天皇御製

目に見えぬ神にむかひてはぢざるは人の心のまことなりけり

東北の神社への旅を終えてすぐ、私は奉務神社の秋季例大祭と新嘗祭の奉仕のため高知へ向かった。

高知県の山間部にある若一王子宮《にゃくいちおうじぐう》。私はここで権禰宜を仰せつかっている。

杉林に囲まれた境内、ご神水も湧きでる美しい鎮守の杜。地元の総鎮守として「若一《にゃくいち》さん」と親しまれるお社。

祭典の準備をしながら、巡ってきた東北の被災地に思いを馳せていた。

神社の本殿・拝殿、鎮守の杜が無事であること。氏子さんたちが笑顔で集い神事をおこなえること。見慣れたお社の風景が、実はあたり前なのではなく、無事に「在る」ことの有り難さを痛感していた。大切な神事が斎行できることも、どれほど有難いことなのか。そう感じると、胸が熱くなる。

神事のご神饌を準備し、玉串に紙垂をつけながら、またお神輿で氏子地域を回りながらもずっと、訪れた東北の神社でお会いしたお一人お一人を思い出していた……。

最後に、私がなぜ神職になったのかをお話しします。

私のご先祖は、平安末期の1149年（久安5年）、紀州熊野の有馬村から「若一王子宮」を朝廷の祈願所として勧請し高知に渡るときに同行し、お宮のそばにご祭神「天目一箇神《あめのまひとつのかみ》」をお祀りしながら、鍛冶職として代々「若一さん」にお仕えしていました。戦前までは、その社は金物の怪我から逃れられると、霊験灼《あらたか》な神として祭りもおこなわれ、地元で信心されていたようです。

大好きだった祖母も、高知県西部の神社の娘でしたが、祖父と結婚後は東京や大阪で暮らし、私が誕生したときにはすでに祖父は亡くなっていました。お婆ちゃん子の私は、祖母の影響からか、小さい頃から毎朝、炊いたご飯とお水を神棚にお供えして、手を合わせてお祈りをしていました。けれども大人になり大きな挫折を経験するまで、私は神職になることなど、まったく考えたこともありませんでした。雑誌の記者をしながら、2001年（平成13年）には癒しの体験をまとめた『マイセルフヘルプ　こまった時に読んでみて』（愛育社、2001年）を出版し、仕事も順調でした。

毎年春には、高知市内の筆山に家族で墓参に出かけました。けれども高祖父より代が上のご先祖のお墓のある本山町には何十年も訪れていないため、お墓の場所は両親にもわからなくなっていました。「父が元気なうちに見つけたい」と、家族で本山町を訪れ、「若一王子宮」の曾祖父の狛犬を発見。そして神社の総代会長の和田さんに、「高祖父たちのお墓がこのあたりにあるはずなのですが、何か情報を知りませんか」と、手紙にしたためてお願いしたのでした。

見ず知らずの私の手紙を読んだ和田さんは、草木が生い茂る山のなかから、本当に高祖父（徳右衛門）・高祖母（繁）たちのお墓を見つけ出してくれたのです。

さらにご先祖がお祀りしていたお宮の周りに、高祖父よりも上の代の15基のお墓があったのです。その数年前には、地元の方がそれを合祀してくださっていました。「平安末期　若一王子宮の建設に鍛冶職でいた。ゆえにこのところを鍛冶屋畑という。昭和15年頃までは高知の鍛冶屋とお参りあり。その後参拝なく、此のところ移し墓を建てる」とありました。

それから毎年、墓参には高知市内と本山町に出かけていくことになります。

人生に波はつきものです。人生の中盤に差し掛かり大変に落ち込む出来事があり、私は生きる自信も体力も喪失し、ひどい時には過呼吸発作が出るほどでした。その混沌としたなかから「自分の人生を生きなおそう」という想いが誕生し、「大学で勉強しよう」と、社会人入試を受験することに決めました。社会人入試枠のある大学のなかで最後に見つけたのが、母校となった國學院大學神道文化学部でした。

「代々伝わってきた神道のことをまったく知らない。いつかご先祖の祠の前で、祝詞でも奏上できればいいいな」と単純に思ったのです。

２００３年（平成15年）春、大学に入学し、働きながら通い始めました。「癒し」をテーマに本を執筆していた私は、人間の心、生きるということ、生と死といったテーマをさらに究めたいと、アメリカのフロリダ州にある「Barbara Brennan School of Healing（ＢＢＳＨ）」という単科大学にもダブルスクールで通い、２カ月に一度、４年間にわたって渡米しました。

そこは世界40カ国から学生が集まる、世界最先端の「癒し」が大学課程になっており、自分を探求し、自分の内面と向き合うところから学びが始まります。家系に伝わってきた神道を縦軸に、「癒し」を横軸にして学び、統合したいと考えたのです。

神道は〝祓いにはじまり祓いにおわる〟と言われますが、大学の講義以上に私が感動したのが、神職研修の時間でした。とくに「禊行法」で体感したことは忘れられません。神道が「感じるもの」と言われるのも納得がいきます。私個人の経験ですが、初めて禊をした後、明治神宮に昇る太陽や杜の木々や草花が、同級生の顔までもが、これまでとは違う鮮やかさで目に映り、世界が美しく感じられました。伊勢の五十鈴川の禊では「一代、帰ってきてくれてありがとう」と、先祖の声が聞こえた気がしました。同じ研修で、伊勢の神宮徴古館でのこと。館内入口に『日本書紀』が展示されており、ちょうどご先祖がお祀りしているご祭神「天目一箇神」のページが開かれていました。その時、後ろから肩をつつかれて振り向きましたが、誰もいません。

余談ですが、私はよく背中や肩を〝つつかれて〟お知らせを受け取ることがあります。もしかすると、私は他の人より、見えない世界や見えない存在、「生」「死」の境とつながりが深いのかもしれません。小さい頃から、会ったことのないご先祖とのつながりを感じるような体験をしています。人生の節目にご先祖が夢に登場し、私は生きるための栄養をもらい助けられたこともあります。そういえば、ご先祖が高知に来る前にいた紀州の有馬村は、伊弉冉尊の葬地とされる花の窟神社があり、黄泉の国に近い場所とも言われています。

神道の「中今《なかいま》」という言葉は、過去・未来を意識した中間にある「今」の、現実を最高としつつ、各々に与えられた時空を価値あらしめようとするもので、「今、自分の中心に存在し、ここに在ること」の大切さを伝えます。では「死」についてどう考えているかというと、「死は生の一環である」ととらえます。

「神道はこの世を、永遠の世界・価値の主体、魂の休まる世界と捉え、現世中心主義の信仰であり、死は生の否定ではなく生の一環として受け取られてきた。神道にはこの世からの救いはなく、救われるべき必要もないのである。あえて言えばこの世にあること、そのことによって既に救われている」（『神道のちから』上田賢治著、たちばな出版、1995年）。

命の永遠性を唱え、個人の命だけで命は完結しない。神道の生命観は子々孫々に引き継がれて成長発展していくもので、神道における永遠は、個の永遠ではなく、命の継承による永遠と、成長発展であるとします。


何十年も神祀りから離れていた子孫の私が、そこへ呼び戻されるのは、こうした連綿とつながった「命」があったからこそではないかと感じるのです。

大学での4年間の学びを終えて卒業し、神職資格もいただきましたが、私の家は神社ではありませんし、女性神職になれるとはまったく思っていませんでした。

同時期に、アメリカのBBSHの卒業も控え、パトリシアという先生から「あなたにとって日本の神道が生きるテーマではないのか？」と問いかけられました。しかし、神職として奉職するのは絶対無理と、そのようなことは考えてもいませんでした。すると「自分で神社は建てられないの？」と聞いてきます。思わず「絶対無理ですよ。それに私の家の祠は小さいし、神社の娘じゃないし、女性の神職なんて雇ってくれる神社なんてない」と頭から否定し、愚痴をこぼしていました。そう、私は魂が切望している深い願いに、最初から蓋をしてあきらめていたのです。そんな私に彼女はこう言いました。

「頭で考えることはストップしなさい。自分の魂が切望するものを感じなさい」

そしてこう続けました。「あなたの周りに、とても多くのご先祖と神聖なる存在がいるのをわかっていますか？　あなたが自分を小さく見せていると、彼らはあなたのサポートをしたくてもできないの。あなたは、あなたがいつも神聖なるものとつながっていることをわかっているの？　それを受け入れなさい。言いたいことをご先祖に向かって言いなさい」

気がつくと私は、「ご先祖は代々、神様をお祀りしてきた。でも私は神職資格を取ったけれど戻るべきお社がないじゃないか！　また家系の女性陣は未婚が多く、周辺で心を病んだ人たちを治す役割も担ってきたとも聞いた。だがもう今の時代に、未婚でその役割を担わなくてもいいんじゃないか」と、自分の先祖に訴えかけていたのです。

パトリシアとのやりとりのあと帰国し、家族と高知へお墓参りに出かけたときのことです。若一王子宮の吉川高文宮司に神職資格を取得したことを奉告すると、その時、神職のお声かけをいただいたのです。

「神職になってはどうか。若一さんの権禰宜になってはどうか」

吉川宮司の言葉に、父・母・妹の家族一同、目が点になるほど仰天驚愕。ただただ神様の計らいに「感謝」するしかありませんでした。パトリシアにも感謝しています。有難くそのお話をお受けし、神社庁からも辞令をいただき、普段は別の仕事をしながらですが、大切な神事のあるときに高知へ奉務にいくことになったのです。

その後のことです。地元に残る本家筋のお宅で「鍛冶由緒系図」を見せてもらい、そこに、「子孫代々、若一さんをお守りすること」と、記されているのを目にしたのは。驚いたことは言うまでもありません。

その巻物が最初に書かれたのは、室町後期の1570年（永禄13年）。その後、代替わりすると、その時代の当主の名と日付が書き加えられていました。約500年の時間を超えて、私はメッセージを受け取ったわけです。まるで愚痴った私の訴えを「ちゃんと聞いたよ」と、返信が届いたようでした。うちの神祀りが途絶えたのは曾祖父の代からですから、約60年以上、空白の時代があったわけです。

そして神職になって初めての秋祭り。お神輿のお渡りのときのことです。90代の氏子のおじい様が「川村さんが戻ってきてくれた」と、私に嬉しそうに声をかけてくださったのです。「若一さんは、宮本さんの先祖と川村さんの先祖が一緒に熊野から来た」と、850年以上前のことをまるで何十年か前のことのように話してくれるのです。驚きましたし、言葉にならない温かいものがこみ上げてきました。

私は生まれも育ちも大阪ですし、東京に出て来てからも長く、高知には、子どものころの夏休みや、大人になってからは年に一度の墓参しか訪れたことはありません。

高祖父たちのお墓を探し出してくださった総代会長の和田さんも、若一さんの神職になったことを大変喜んでくださり、高知に戻るたびに「おかえり」と出迎えてくださいます。自分が神職になり年に何度も高知に通うなんて、誰にも想像しえませんでした。この私本人がいちばん驚いているかもしれません。まさに予想外だと！

ご先祖が住んでいた土地に戻ってくる私を、「戻ってきた」「おかえり」とみなさん、本当に温かく迎え入れてくださいます。お祭りのご奉仕をするたびに、地域の共同体の方々が、自分の住んでいる地域を愛し守り、その土地の神様を大切にされているなと感心しています。

「共同体を中心とした生活の中で、日本人は生命力や神霊に満ちた自然の働きや祖先によって生かされていることを思い、自然や祖先に対する感謝・祈願の祭りを行なってきた。これが神道の基本である。神道とは、この現実世界が人間や自然の自らの働きによって不断に生成発展することを説く宗教である。」(『ひろさちやが聞く神道の聖典』ひろさちや＋上田賢治著、鈴木出版、1993年)

大阪・東京と都会しか知らなかった私ですが、若一王子宮に通うようになり、共同体を中心に神社が担ってきた役割の大切さを実感しています。

大震災に見舞われた東北にも、同じように地域の共同体のコミュニティが残っていました。

神職となった初めての12月、ご先祖がお祀りしていたお宮の年に一度の「ふいご祭り」の奉仕もできました。これは、旧暦の11月18日に斎行される、鍛冶屋、刀工など鞴《ふいご》を使用する職人たちがおこなう神事です。うちのお宮の幟が立ち、ご神札もあるのを見て心から震えました。そして今も小さなお宮を、地元の方々が守ってくださっています。

相馬中村神社の田代麻紗美禰宜が「人生には決まったレールがあるのではないか」と仰っていましたが、今になって思うのは、私は、「呼んでもらったのだ」ということです。ご先祖や見えないつながりからお呼びがかかり、ご先祖に縁があった神社に「結んで」いただいたように感じています。それまで自分の生きてきた軌跡が一つの川となり、すべてそこに向かうようにこれまでに経験してきた出会いと別れや、愛と涙、挫折と成功などが一つに溶けて結びついていきました。頭では考えられなかったことですが、今は、それがお役目だったのだと受け止めています。そして今、失われつつある神道のこころを伝える、それも、自分の大切なお役目なのだと思っています。

私の家が実際そうですが、一度失ってしまった、また途絶えてしまったものを回復させるには、つなげていくよりも大変な時間と莫大なエネルギーを要します。そして、記者をしつつ神職となった私が伝えられることは何かとずっと考え続けてきました。また、普段はお宮にいないのに、神道について語ってもいいのだろうかと躊躇している私の背中を押してくださったのは吉川宮司です。

「やりたいことをやりなさい」と。

さらに琉球神道の流れをくむ沖縄のユタ・照屋全明《まさあき》さんに取材でお会いした時です。

「あなたはこれからの人生をどう見越してやっていきたいの?」と聞かれ、「やはり柱としては日本の神道のこころを伝える」と言った瞬間、間髪入れずに「そうです、そして本を書く。あなたの最終目的はそうですよ。川村さんの感性でその本を出すことが、今、いちばんの目的です。テーマを一つに絞って。そして先祖代々からのお宮をしっかり奉ることですよ」と、仰ったのです。

その夜のことでした。この企画が浮かんだのです。

本書の冒頭にも書きましたが、今、私たちは時代の大きな「転機」に立っているのではないでしょうか。日本には、マグニチュード7以上の地震がいつ来てもおかしくありません。どこにいても〝安全〟ではありません。戦後、高度経済成長を遂げ、物質の豊かさを手にいれた私たちですが、代わりに失ったものも大きいのでしょう。都市と地域の格差、自然破壊、そして地域の共同体のつながりも薄れていきました。そしてバブルが崩壊し不況が続く今、パワースポットブームで神社に注目が集まっています。鎮守の杜と呼ばれ、自然豊かな聖域にご鎮座している神社に参拝することは、日常で疲労した心身を癒し、溜まってしまった「穢れ」という邪気を祓うことで生気を取り戻し、命を輝かせて生きることにつながります。穢れとは、単に「汚れ」のことではなく、古来は「気涸れ」を意味していたのです。そうならぬよう自然と一体化し、気を充たし再生させることも、「禊祓」の意味の一つかもしれません。

　そして神が国土を産み、自然を産み、人々を産み、共同体を産んだ『古事記』の「国産み神話」にあるように、誰もが神の産みの子でもあります。

　自然、宇宙、すべての働きを「神」と呼び畏れ敬う心で祭りをおこなってきた先人たちは、すべてを結びつける「つながり」の大切さを知っていたのでしょう。現代を生きる私たちは、この「つながり」を忘れてしまっているように思います。

「天一目之天神《あめのひとつめのてんじん》」と呼ばれるお宮

若一王子宮　境内

マザー・テレサは、「最もひどい貧困とは、孤独であり、愛されていないという思いなのです」という言葉を残しました。

今回、東北の神社でお話を伺いながら感じたことは、私たちには目には見えなくても、普段は気づいていなくても受け継いできた「つながり」があるということです。

「地震が来たら、おみょんつぁんさ、登れ」

「ここから下に家を建てるな」

「地震が来たら神社に逃げろ」

これらはすべて、先人たちからの、未来の私たちに向けたメッセージです。それを代々「つなげて」きたのです。何百年、千年以上前にこの世界を生きた人たちが、自らの悼みと悲しみ、生と死の「境」を経験したなかから、つなげてくれた言葉です。これは、見たことも会ったこともない子孫たち、未来の私たちに、「生きてほしい」という愛情の贈り物のように思います。私の先祖が残した「若一さんを代々お守りして」という５００年前のメッセージが、時空を超えて私の手元に届いたように。古来から受け継いできたこころを思い出し、語り継ぐ時期にきているように感じるのです。

民俗学の父と呼ばれる柳田國男は、佐々木喜善から故郷の東北、遠野地方に伝わる伝承の語りを聞き、『遠野物語』を誕生させました。その99話では１８９６年（明治29年）に起きた三陸大津波について語られています。

大変ななかでも健気にひたむきに、あるものを分け合い、譲り合い、助け合う。「共に生きる」

道……。先人たちからの贈り物を私たちは受け取り、さらに、次の世代へと、子孫たちへと「つなげて」語り継いでいくことが必要なのではないでしょうか。目には見えなくとも愛情のこもった先人の智慧に、今こそ耳を傾けてみてはどうでしょう。同時に、この大震災を経験された東北の人々へも想いを「つなぎ」続け、そこで経験されたことを、私たちの教訓として日々の暮らしに役立てることも、〝心の防災〟になるように思います。

東北の神社でご縁をいただきお話を聞かせてくださった方々。

「自分たちの経験が範となり、学び活かしてほしい」

「自然の神様のやったことを誰も恨んでいない」

明るさを持ちながら、生きることの悲しみも辛さも、亡くなられた人への愛も、すべてを受け止めていく強さを持っていらっしゃいました。そして、あきらめるのではなく、明らかに究める知恵を示してくださいました。

現実を受容するには、人間力とでもいう心のしなやかさと強さが必要です。それを養うにはどうすればいいのでしょう。

「あきらめきって身を委ねる。これは日本の内なる最良の部分」と精神科医の加藤清は言っています。あきらめきり身を委ねるには、自分たちが自然とともに生かされている存在であると自覚することが土台になります。また都会では失われた地域の共同体などの「つながり」もあってこそ可能なことです。

神道は、先祖からの声を聞く、〝つながりの宗教〟と言われますが、今、この共同体も失われつつあります。だからこそ、その地域で再び結びなおしていくのか、新たな共同体が現れてくるのか、私にもまだわかりません。けれども今回の東北の旅で、地域のつながりを持ち、ご先祖の声を聞きながら生きる姿を感じさせて頂きました。

「鳥は飛ばねばならぬ　人は生きねばならぬ」と藤波祥子宮司が教えてくれた坂村真民の詩のように、私たちは、今回の震災で犠牲となり亡くなられた御霊を鎮魂し、悲しみも絶望も受け入れながら、涙し怒り途方にくれたとしても、生と死を慈しみ抱きしめながら光に向かい今を生きていくこと。それが生きている私たちに与えられた使命なのではないかと思うのです。先人たちがこの列島で、地球で生きたように。自然と、人と、自分自身の心と、先祖と、そして次の世代の人たちへと語りつぎ、他の地域とつながり、他の国の人々ともつながりながら、「今」ここで生きる。生かされていることに感謝し「今」を懸命に生ききる。それが神道の、「中今」の心なのだと思います。

若一王子宮《にゃくいちおうじぐう》

ご祭神　天照皇大神《あまてらすおおみかみ》　伊弉諾大神《いざなぎのかみ》　伊弉冉大神《いざなみのかみ》
天一目之天神《あめのひとつめのてんじん》　天目一箇神《あめのまひとつのかみ》

所在地：高知県長岡郡本山町寺家

資料

《東北地方太平洋沖地震に関する天皇陛下のおことば　平成23年3月16日》

天皇陛下は東日本大震災直後の3月16日、被災者や国民に向けてビデオメッセージを発表された。陛下がビデオでお気持ちを述べられたのは初めてのことだった。

この度の東北地方太平洋沖地震は、マグニチュード9・0という例を見ない規模の巨大地震であり、被災地の悲惨な状況に深く心を痛めています。地震や津波による死者の数は日を追って増加し、犠牲者が何人になるのかも分かりません。一人でも多くの人の無事が確認されることを願っています。また、現在、原子力発電所の状況が予断を許さぬものであることを深く案じ、関係者の尽力により事態の更なる悪化が回避されることを切に願っています。

現在、国を挙げての救援活動が進められていますが、厳しい寒さの中で、多くの人々が、食糧、飲料水、燃料などの不足により、極めて苦しい避難生活を余儀なくされています。その速やかな救済のために全力を挙げることにより、被災者の状況が少しでも好転し、人々の復興への希望につながっていくことを心から願わずにはいられません。そして、何にも増して、この大災害を生き抜き、被災者としての自らを励ましつつ、これからの日々を生きようとしている人々の雄々しさに深く胸を打たれています。

自衛隊、警察、消防、海上保安庁を始めとする国や地方自治体の人々、諸外国から救援のために来日した人々、国内のさまざまな救援組織に属する人々が、余震の続く危険な状況の中で、日夜救援活動を進めている努力に感謝し、その労を深くねぎらいたく思います。

今回、世界各国の元首から相次いでお見舞いの電報が届き、その多くに各国国民の気持ちが被災者と共にあるとの言葉が添えられていました。これを被災地の人々にお伝えします。

海外においては、この深い悲しみの中で、日本人が、取り乱すことなく助け合い、秩序ある対応を示していることに触れた論調も多いと聞いています。これからも皆が相携え、いたわり合って、この不幸な時期を乗り越えることを衷心より願っています。

被災者のこれからの苦難の日々を、私たち皆が、様々な形で少しでも多く分かち合っていくことが大切であろうと思います。被災した人々が決して希望を捨てることなく、身体《からだ》を大切に明日からの日々を生き抜いてくれるよう、また、国民一人びとりが、被災した各地域の上にこれからも長く心を寄せ、被災者と共にそれぞれの地域の復興の道のりを見守り続けていくことを心より願っています。


（宮内庁ＨＰより）

《皇后陛下お誕生日に際し（平成23年）宮内記者会の質問に対する文書ご回答》

今年は日本の各地が大きな災害に襲われた、悲しみの多い年でした。3月11日には、東日本で津波を伴う大地震があり、東北、とりわけ岩手、宮城、福島の3県が甚大な被害を蒙りました。就中福島県においては、この震災に福島第一原発の事故が加わり、放射性物質の流出は周辺の海や地域を汚染し、影響下に暮らす人々の生活を大きく揺るがせました。大震災の翌日である3月12日には、長野県栄村でもほぼ東北と同規模の地震があり、これに先立つ2月22日には、ニュージーランドにおいても、地震により、多くの若い同胞の生命が失われました。

豪雨による災害も大きく、7月には新潟、福島の両県が、9月の台風12号では、和歌山、奈良の両県が被災しました。災害に関する用語、津波てんでんこ、炉心溶融、シーベルト、冷温停止、深層崩壊等、今年ほど耳慣れぬ語彙が、私どもの日常に入って来た年も少なかったのではないでしょうか。

2万人近い無辜の人々が悲しい犠牲となった東北の各地では、今も4千人近い人々の行方が分かりません。家を失い、或いは放射能の害を避けて、大勢の人々が慣れぬ土地で避難生活を送っています。犠牲者の遺族、被災者の一人一人が、どんなに深い悲しみを負い、多くを忍んで日々を過ごしているかを思い、犠牲者の冥福を祈り、又、厳しい日々を生き抜いている人々、別けても生活の激変に耐え、一生懸命に生きている子どもたちが、1日も早く日常を取り戻せるよう、平穏な日々の再来を祈っています。

この度の大震災をどのように受けとめたか、との質問ですが、こうした不条理は決してたやすく受け止められるものではなく、当初は、ともすれば希望を失い、無力感にとらわれがちになる自分と戦うところから始めねばなりませんでした。東北3県のお見舞いに陛下とご一緒にまいりました時にも、このような自分に、果たして人々を見舞うことが出来るのか、不安でなりませんでした。しかし陛下があの場合、苦しむ人々の傍に行き、その人々と共にあることを御自身の役割とお考えでいらっしゃることが分かっておりましたので、お伴をすることに躊躇はありませんでした。

災害発生直後、一時味わった深い絶望感から、少しずつでも私を立ち直らせたものがあったとすれば、それはあの日以来、次第に誰の目にも見えて来た、人々の健気で沈着な振る舞いでした。非常時にあたり、あのように多くの日本人が、皆静かに現実を受けとめ、助け合い、譲り合いつつ、事態に対処したと知ったことは、私にとり何にも勝る慰めとなり、気持ちの支えとなりました。被災地の人々の気丈な姿も、私を勇気づけてくれました。3月の20日頃でしたか、朝6時のニュースに郵便屋さんが映っており、まばらに人が出ている道で、一人一人宛名の人を確かめては、言葉をかけ、手紙を配っていました。「自分が動き始めたことで、少しでも人々が安心してくれている。よい仕事についた。」と笑顔で話しており、この時ふと、復興が始まっている、と感じました。

この時期、自分の持ち場で精一杯自分を役立てようとしている人、仮に被災現場と離れた所にいても、その場その場で自分の務めを心をこめて果たすことで、被災者との連帯を感じていたと思われる人々が実に多くあり、こうした目に見えぬ絆が人々を結び、社会を支えている私たちの国の実相を、誇らしく感じました。災害時における救援を始め、あらゆる支援に当たられた内外の人々、厳しい環境下、原発の現場で働かれる作業員を始めとし、今も様々な形で被災地の復旧、復興に力を尽くしておられる人々に深く感謝いたします。

この度の災害は、東北という地方につき、私どもに様々なことを教え、また、考えさせました。東北の抱える困難と共に、この地域がこれまで果たしてきた役割の大きさにも目を向けさせられました。この地で長く子どもたちに防災教育をほどこして来られた教育者、指導者のあったことも、しっかりと記憶にとどめたいと思います。今後この地域が真によい復興をとげる日まで、陛下のお言葉のように、この地に長く心を寄せ、その道のりを見守っていきたいと願っています。

（宮内庁ＨＰより）

《東日本大震災　東北4県神社の被害状況》

岩手県	本殿・幣殿・拝殿の全壊・半壊	20社
	神社のその他の建築・工作物の損壊	286社
	神職の犠牲者	2名
宮城県	本殿・幣殿・拝殿の全壊・半壊	48社
	神社のその他の建築・工作物の損壊	198社
	神職の犠牲者	4名
福島県	本殿・幣殿・拝殿の全壊・半壊	47社
	神社のその他の建築・工作物の損壊	557社
	神職の犠牲者	2名
	原発避難地の神社	243社
青森県	本殿・幣殿・拝殿の全壊・半壊	4社
	神社のその他の建築・工作物の損壊	11社
	神職の犠牲者	0名

（東北地区夫人神職協議会会報より）

あとがき

あの日からちょうど一年……「東日本大震災1周年追悼式」が全国各地、東京でおこなわれ14時46分、大震災で亡くなられた御霊に対し鎮魂の黙祷が捧げられ、全国の「時」が静止した。

「復興」への長い道のりはまだまだはじまったばかりなのだ。

今回、南三陸町と石巻市で撮影をしてくれた、カメラマンのシギー吉田さんは、2カ月に一度、東北に赴きボランティアで写真を撮影しています。3・11から1年目のその「時」、シギーさんは、南三陸の防災対策庁舎で追悼の祈りを捧げました。その彼が昨年末、私にくれた言葉を紹介します。

《今回、川村さんから神社の撮影をお願いされ、階段がたくさんあって大変かなと逡巡しましたが、行ってよかったと感じています。

今回は4回目。正直、何をどう撮ろうか悩んでいるところでした。初夏に行った頃は、震災直後の絶望的な状況で、「希望」などという言葉は、気軽に言える状況ではありませんでした。

人々は「生」と「死」の境を経験し、奇跡的に「死」を免れたものは、家族や友人を亡くし、ただ「生きること」に必死でした。ですから、哀しいとか淋しいということすら感じる暇もなかった時期だと思います。夏が訪れ、秋がきて、そして冬。今、被災地の人々は、ようやく新たな日常を取り戻し、失ったものの大きさや哀しさを感じているときではないでしょうか。

自分は17歳のときに首の骨を折り、肩から下の感覚をいっさい失い、舌を噛み切って「死」を選ぶか、「生」を選ぶか、という選択をしなければなりませんでした。自分は、「生」を、どんなことがあっても「生き続けること」を選びましたが、すぐには「希望」を持てませんでした。

辛かったのは、「もう一度、ラグビーをやろう」とがんばってリハビリをしていたときではなく、どうにか歩けるようになったものの、一生足に障害が残り、もうもとの体には戻れないという現状を受け入れざるを得ないときでした。受け入れて初めて、新しい自分の進む道、「希望」が見えてきました。

「死」の淵に立ち、「絶望」を受け入れる、これは、本当に大変なことです。

絶望の淵から立ち上がる希望の光　シギー吉田さん撮影

人間は必ずいつか「死」を迎える、というあたり前のことを受け入れて、生きています。同様に、自分が置かれている絶望的な状況を受け入れたときに、初めて生きるということへの「希望」がわいてくる。そんな風に感じています。

人々の生きる力、絶望的な状況、その先に見えるわずかな希望、人間の「生」と「死」、そして、たとえ「死」が訪れても、未来へ託される「希望」。うまく言い表せませんが、そんなことを表現しようと思って、撮影しています。

今回、多くの人々が、津波から逃げて神社に登り、「死」と「生」の境を感じました。そして、アスナロの樹からは、希望の光を感じました。

本当にありがとうございます》

表紙のアスナロの木を撮影したシギーさんからの手紙を読み、私と共通する「生と死」のテーマと、絶望を抱いた先の希望への想いが同じであることを知りました。その私たちの想いが「光に向かって　生と死を抱きしめて」というテーマに昇華しました。シギーさん、ありがとう。

またシギーさんの紹介でつながることができた武田高明さん、畠山健さん。彼らも気仙沼で被災されました。そしてNPO法人を立ち上げて、市内の溝の泥かき作業のボランティアや救援物資の配布をおこないました。彼ら2人が車の運転を引き受けてくれなければ、免許のない私はこの旅を続けることはできませんでした。本文でも触れていますが、畠山さんは気仙沼公会堂の屋上で、4歳の息子さんと救助されるまでの3日間を過ごし生き残ったのです。

そして神社本庁の職員であり岩手県月山神社の宮司の息子さんである髙橋知明さんが、ご実家をはじめ東北の神社へとつないでご縁を結んでくださいました。この方がいなければ旅の企画自体がどうなっていたかわかりません。

そのご神縁を頂戴し、出会えた荒木タキ子さん、荒木そうこさん、工藤祐允宮司、工藤庄悦権禰宜、窪木好文権禰宜、大國龍笙宮司、奥海睦名誉宮司と奥海聖宮司夫人の幸代さん、権禰宜の日野篤志さん。田代麻紗美禰宜、藤波祥子宮司にも心より感謝申し上げます。

出版を決心してくださった晶文社の太田泰弘氏、編集の梶原正弘さん、営業の奥村友彦さん。おかげさまで一冊の書籍としてみなさんにお届けすることができました。

旅の間中、不思議な目にみえない糸がどんどんと広がっていくようで、こうしたみなさんのお力添えがなければ、この「旅」に出発し帰還することはできませんでした。

最後に、この本を書くに至るまでこの人生で出会った人々と、すべての経験に深謝。

3・11の大震災で旅立たれた御霊の鎮魂と、目には見えないがいつも守ってくださっているこの国の先人たち、ご先祖方へ。現在、ガンと共生し治療にあたる父、そして寄り添う母、ひたむきに生きる妹、愛する家族親戚へ。高知の若一王子宮でいつも出迎えてくださる吉川高文宮司はじめみなさま。大阪でご奉仕させていただく生根神社の宮司さんやみなさま。國學院大學時代からお世話になっている神社新報社のみなさま。大切なかけがえのない友人たち一人ひとり。雑誌を共に創る仕事仲間。これまで取材でお会いした方々。天国に先に旅立った、多寿さんはじめ、友人、知人、恩師。愛する人へ。

心からの感謝をこめて、筆を擱きます。
ありがとうございました。
鎮魂の祈りとともに。

２０１２年3月11日

川村一代

プロフィール

《文と写真》

川村一代（かわむら・かずよ）　ライター兼神職

『女性自身』記者として活動の傍ら代替療法と「癒し」をテーマに、2001年『マイセルフヘルプ　こまった時に読んでみて』（愛育社刊）を上梓。2003年國學院大學神道文化学部入学。同年米国のヒーリング単科大学 BBSH（Barbara Brennan School of Healing）入学。2007年3月國學院大學卒業。第115期総代。神社本庁「統理賞」授賞。神職資格明階検定合格正階取得。6月 BBSH 卒業。7月高知県神社庁より、長岡郡本山町寺家「若一王子宮《にゃくいちおうじぐう》」神職・権禰宜《ごんねぎ》拝命。現在は、『女性自身』記者として、主に著名人インタビューや特集企画、神社の記事などを担当。高知県の若一王子宮に籍を置き、権禰宜を務める。

《写真》

シギー吉田（しぎー・よしだ）　カメラマン

1964年東京生まれ、栃木育ち。高校時代、ラグビーの練習中に首の骨を骨折するという大怪我を負うも、奇跡的な回復で歩行が可能になった「松葉杖のカメラマン」。1994年にオレゴン大学卒業後、1999年東京原宿で初の個展「ヒッピー in 90S ～約束の地にて～」、2004年「365日の色」などの写真展を開催。2001年から和太鼓集団「鼓童」、同じく2001年から伝説のロックバンド「頭脳警察」等の公式カメラマン。パレスチナなどの紛争地域の取材をはじめ、各雑誌等で写真を発表中。ここ数年、膀胱ガンとの闘病を経験したが、震災後はボランティアカメラマンとして精力的に活動している。

《写真提供》

「にじのライブラリー」荒木そうこさん／鹿島御児神社／金華山黄金山神社／八重垣神社／相馬野馬追執行委員会（南相馬市観光交流課内）

《地図》

まるはま

光《ひかり》に向《む》かって

3.11で感じた神道のこころ

2012年4月29日 初版
2012年5月29日 2刷

著 者 川村一代
発行者 株式会社 晶文社
東京都千代田区神田神保町1-11
電話(03)3518-4940(代表)・4942(編集)
URL http://www.shobunsha.co.jp

装 丁 大村麻紀子
印刷・製本 ベクトル印刷株式会社

ISBN978-4-7949-6778-7 Printed in Japan